はじめに

　私たちは大人になるに従って、人生の大きな岐路に立ち重大な意思決定の機会にたくさん直面します。多くの社会経験と人脈をもつことで、この重大な意思決定の機会を乗り越えていきますが、これは、知的障害や発達障害のある人たちにとっても同じことです。こうした障害があるからといって、意思決定をする力がないわけではありません。人生にとって重大な意思決定を可能な限り本人が行っていくために、意思決定の環境を整えて提供したり、経験を積み重ねることで意思決定する能力を育てることが、まさに支援を行う私たちの責務となっています。そして、多くの人たちが障害特性を自ら理解し、人生を自分の力で方向付けていくことが可能になっていくと、私たちは考えています。

　本書『見てわかる意思決定と意思決定支援』は、主な対象を、中学卒業頃の年齢以上の軽度の知的障害のある人、さらに知的障害はないものの社会生活において継続的な支援が必要な発達障害のある人などを想定しています。障害福祉サービス事業所や相談支援事業所、あるいは特別支援学校等で、支援員や相談員、先生たちと一緒にこの本を読み、話し合い、場合によってはロールプレイ等を行うことで、「意思決定」と「意思決定支援」の大切さ、およびその手順を具体的に学ぶ教材として企画し作成したものです。

　そもそも意思決定支援とは、非常に抽象的で全体を理解することが難しいテーマです。また、知的障害や発達障害のある人に対して、意味ある意思決定支援を積極的かつ継続的に取り組んでいる事例もまだ少ないといえるでしょう。本書で推奨する「意思決定の場」を作り、継続的に意思決定支援を行っているような事例もまだ積み重ねられていません。

　私たちは、内外の資料と数少ない実践経験から、社会適応力が比較的高い軽度の知的障害のある人を想定し、どのような意思決定支援が現実的かを3年程前から議論してきました。今後、意思決定支援の重要性がますます高まっていくことは明らかです。本書が、意思決定支援の理念の普及とともに、より実践的な取り組みに向けた情報提供になることを願っています。

　最後に、本書「見てわかるシリーズ」の第三弾を企画段階から支援していただきましたジアース教育新社、および編集者佐々木隆好氏に心より感謝申し上げる次第です。

平成 28 年 7 月 1 日
執筆者一同

もくじ

はじめに …………………………………………………………… 3

第1章　意思決定は大切

1　これから意思決定をするあなたに ……………………… 6

　（1）意思決定とは ……………………………………………… 6

　（2）「意思決定の場」（自分で決める会議）を作ろう ……… 8

　（3）意思決定で「自己理解」を深める ……………………… 9

2　人生における意思決定とは ……………………………… 10

　（1）いろいろな意思決定の機会 …………………………… 10

　（2）意思決定するものとは ………………………………… 12

　（3）意思決定をどう学ぶか ………………………………… 13

第2章　意思決定の場

1　意思決定の場とは ………………………………………… 16

2　意思決定支援の流れ ……………………………………… 17

3　意思決定前の準備 ………………………………………… 19

　（1）意思決定の内容そのものに関する本人の今の気持ちや希望などを聞く …… 19

　（2）意思決定会議に関する本人の要望と調整 …………… 20

4　意思決定会議（意思決定の場・自分で決める会議） …… 22

　（1）スタート ………………………………………………… 22

　（2）拡げる …………………………………………………… 23

　（3）比べて絞る ……………………………………………… 24

　（4）決定する ………………………………………………… 25

5　意思決定後のフォロー …………………………………… 25

第3章　マンガで見る　日常生活での意思決定

事例　家中のあちこちを占拠するマンガ本！ ～お金のやりくりを巡る問題～ … 31

第4章　人生の中で重大なことの意思決定

事例1 タカシさん：充実した余暇とお金の管理 ････････････････ 56

　コラム① 「意思決定会議」の話し合いで大切なこと ･･････････････ 62

事例2 ヒトミさん：親元を離れてグループホームの利用 ････････ 63

　コラム② トラブル発生は、自分が悪いから？ ･････････････････ 73

事例3 ミチコさん：糖尿病の悪化とその対応の検討 ･････････････ 74

　コラム③ 困りごとの解決で大切なこと ･･････････････････････ 79

事例4 ケンジさん：今の仕事を辞めて転職する決断 ･･････････････ 80

　コラム④ 障害者雇用枠での就職 ････････････････････････････ 85

事例5 ヨウコさん：相続財産の管理と成年後見制度の検討 ･･･････ 86

　コラム⑤ 「賢明ではない判断」の保障 ･･････････････････････ 91

事例6 アキヒコさん：進路の選択と障害者手帳の取得 ･･････････ 92

　コラム⑥ 障害者手帳の取得 ･･････････････････････････････ 100

第5章　意思決定支援と本書のねらい

1　本章の目的 ･･101

2　意思決定支援の議論が始まった背景 ･････････････････････101

3　支援の現場で意思決定支援を考える ･････････････････････102

4　意思決定支援の在り方をこれから学ぶ ･･･････････････････104

5　時間をかけて意思決定の力を育む ･･･････････････････････105

6　おわりに ･･106

試案1 支援者についてのチェックリスト ････････････････････108

試案2 支援者側が意思決定会議の質を振り返るポイント ･･････114

執筆者一覧 ･･116

5

第1章　意思決定は大切

1　これから意思決定をするあなたに

（1）意思決定とは

最近、「意思決定」ということばを目や耳にする機会が増えました。
意思決定とはどういうものでしょう？

意思決定そのものは、目で見ることはできません。手でさわることもできません。つまり、スマートフォンや財布のような持ち物ではありませんし、電車やマンションのように大きな乗り物や建造物でもありません。意思決定とは、あなたが自ら行う行為の1つです。ただし、ハイキングやサッカー観戦のように、誰が見てもその行為を行っていることがわかるものではありません。意思決定の場面を写真やビデオで撮影して、後で再生しても、何をしているのかまったくわからないと思います。

意思決定とは、「何かを行おうとするときに、いくつかの選択肢の中から、もっとも目的に合ったものを選ぶ行為」のことです。少し、難しい言い回しですね。

もう少し具体的に考えてみましょう。
あなたは、これから友達の家に遊びに行くことになっています。友達の家までは、少し距離があり、行き方にはいくつか方法があります。例えば、次の3つの行き方があります。

❶ 歩いて行く（45分かかる）
❷ バスに乗る（15分かかる。200円かかる）

■第1章■　　意思決定は大切

❸ 父親の車で送ってもらう（10分かかる。父親にお願いする）

　この3つの行き方のことを「選択肢」といいます。この3つは、どれも友達の家に問題なく到着します。つまり、どれも「目的に合った」方法です。
　しかし、友達と約束した時間まであと30分しかないとしたら、「① 歩いて行く」という選択肢は選べません。なぜなら、歩くと45分かかってしまい、間違いなく遅刻するからです。友達との約束を破ることになります。ですから選択肢は、②か③になります。でも、今月はお小遣いの残りが少ないので、なるべくお金は使いたくありません。そこで、「③ 父親の車で送ってもらう」を考えました。早速、お願いするために父親を探しました。しかし、父親は見つかりません。車庫に車もありません。父親は、朝早くからゴルフに出かけてしまったようです。結局、「② バスに乗る」ことにしました。お金は惜しいけれど、友達との約束を守らなくてはいけないと考えたからです。
　意思決定とは、このように、いろいろな条件を考え、「バスに乗る」ことを選んだプロセス全体のことをいいます。

　こういった意思決定は普段から行っているので、特に難しいことではありません。あなたは、日頃から意思決定をたくさん行っているのです。意識せずに意思決定をしたり、意思決定したことをすでに忘れてしまっていることもたくさんあるはずです。

　ところが、意思決定は、意識せずに簡単に決められることばかりではありません。例えば、親元を離れて、ひとり暮らしをするためのアパートを選ぶのはどうでしょう。
　条件を見ていきましょう。

● 仕事に通うことを考えると、場所はどの辺りがいいでしょうか？
● 家賃はいくらまで払えるでしょうか？
● 必要な荷物が収納できる広さでしょうか？
● 掃除や洗濯がしやすいでしょうか？
● 近くに買い物のできるスーパーやコンビニがあるでしょうか？

7

● そもそも、アパートを借りる手続きを知っていますか？

多分、何人もの人と相談して、もっとも自分の希望に合ったアパートを見つけて、アパートを借りる契約（賃貸契約）を結ぶことになります。これはかなり重大な意思決定です。簡単に決められることではありません。

このように、人生にはたくさんの重大な意思決定の機会があります。そして、慎重に選択肢を選んだつもりでも、後になって「失敗した」とか「納得できない」と思う経験も時々あるはずです。しかし、意思決定は、一度決めたら何が何でも最後まで行わなくてはならないことばかりではありません。意思決定の多くは、一度決めた後に、可能な範囲でもう一度やり直しをすることができます。

これだけの説明では、意思決定の大切さは十分伝わらないかもしれません。でも、この本を全部読むと、今よりもはるかに意思決定が大切であり、さらに意思決定の支援を受けることの大切さにも気づくはずです。そして、意思決定の方法について学ぶことで、自分の人生のその時々の目的に合った選択肢を自分で選び、自分で選んだ行動に対して責任をもち、その結果、より充実した社会生活を積極的に送れるようになると思います。

（2）「意思決定の場」（自分で決める会議）を作ろう

本書では、重大な意思決定を行う際に、「意思決定の場」を作ることをお勧めしています。「意思決定の場」では、あなたが意思決定するために必要な情報を、そこに参加する人がていねいに調べたり教えたりしてくれます。また、どんな決定が可能か一緒に考えてくれます。わからないこと、不安なことがあれば質問ができ、納得するまで何度も説明してくれます。つまり、重大な意思決定をあなたが行うときに、何人かが集まって手助けをしてくれる小さな会議のことを「意思決定の場」といいます。

ただし、集まってくれる人は、あくまでも手助けをするのであって、最後に決断するのはあなたです。

また、重大な意思決定を、あなたの生活に関わる多くの人に伝えなくてはいけませんし、もちろん簡単に忘れてしまってはいけません。そのため「意思決定の場」では、どうしてその意思決定をすることになったかについて、忘れないように記録を取ってくれます。そして、

■第1章■　　意思決定は大切

決定した内容や決定に至った経緯を、「意思決定の場」に参加しなかったあなたの生活に関わる人たちに伝えるときの手助けもしてくれます。

例えば、以下のような場合に、「意思決定の場」を作ってみましょう。

- あなたが、ほかの人から「○○しなさい」と言われて、納得できないとき。
- 決めようとしている選択肢に自分では疑問を感じていないが、ほかの人から「考え直した方がいいよ」と言われたとき。
- どの選択肢がいちばんいいか、いろいろ考えても選べないとき。
- 何が問題かはっきりしないが、どうしていいかわからず混乱しているとき。

そして、「意思決定の場」には、次のような条件が揃っていることが望ましいです。

- 落ち着いて、冷静に考えられる。
- 自分がわからないことをていねいに説明してくれる人がいる。
- 友達など自分の気持ちをわかってくれる人がいる。
- いろいろな質問ができる雰囲気がある。
- どんなに説明を受けても、わからないときは「わからない」と言える雰囲気がある。
- 最後は、自分で自分のことを決める。

（3）意思決定で「自己理解」を深める

誰もが、これから何をするのかを自ら決定し、自分の責任で実行します。障害があってもなくても、これは変わりません。そして、意思決定には失敗も起こります。でも、重大な意思決定は失敗したくありません。「意思決定の場」では、手助けしてくれる人が、いろいろな人の話をていねいにまとめたり、まだ調べていなかった資料も取り寄せて、決定する前に説明してくれます。また、どの情報が大切かもアドバイスしてくれます。

意思決定が必要になって不安になったときは、あなたが相談しやすい福祉サービス事業所や相談支援事業所の支援員や相談員、あるいは学校の先生にこの本を見せながら「意思決定の場を作ってください」とお願いしてみましょう。

　私たちは、年齢を重ねていくほど、重大な意思決定をしなければならない場面がたくさん出てきます。そのため、若いころから「意思決定の場」を活用して、どのように意思決定すべきかを経験し、学んでおくことが大切です。

　意思決定の経験を積み重ねることで、あなたは自分自身の「得意とすること」や「苦手とすること」も、しっかりと理解できるようになるはずです。そして、自分自身をしっかりと理解する（「自己理解」する）ことで、人に手伝ってもらわなくても自信をもってできることや、一人で解決できない生活上のさまざまな課題に対して、「誰に」「どのように」手伝ってもらえばよいかがわかってきます。難しいことばですが、「自尊心」をもって自分の生活ができるようになると思います。

2 人生における意思決定とは

（1）いろいろな意思決定の機会

　意思決定する内容には、「昼食をどこで食べるか」「休日に誰と遊ぶか」といった身近で何度も繰り返し行うものから、「どこの職場で働くか」「どこに引っ越すか」という、人生においてそう何度も決定する機会のない重大なものまでさまざまです。

　そして、多くの意思決定は一人ひとり異なるものですが、誰もが行う可能性のある重大な意思決定もあります。ここでは、多くの人にとって重大だと考えられる意思決定をいくつか

■第1章■　　意思決定は大切

紹介します。

　重大な意思決定の多くは、年代によってその内容が変わってきます。何歳ごろに、どのような意思決定を行うのかが参考になるように、表1のような一覧表を作成しました。年齢はあくまでも目安です。

　こうやって見ると、若くて元気なころよりも年齢を重ねるほど、重大な意思決定場面が増えてくることがよくわかります。子どものころは、人生の重大な決定の多くをあなたの代わりに親が行っていたはずです。大人になると、親ではなくあなた自身が選択し決定することが増えてきて、将来は親の介護について、あなたが決定しなければならない場合も出てきます。また、親が亡くなった後、相続など財産の管理も大切な意思決定となります。

〈表1〉　人生における重大な意思決定の一覧

年　齢	重大な意思決定	解　説
15歳～24歳	進学	中学卒業後、高校や特別支援学校等を選ぶ（高校を卒業後、専門学校や大学等を選ぶ）
	就職	就職先を選ぶ（職業訓練の場を選ぶ）
25歳～44歳	親元を離れて生活	住み慣れた実家から独立して、グループホームやひとり暮らしを選ぶ
	転職	人によっては何度か退職し、再就職を選ぶ
45歳～64歳	リタイアメント	定年ないしその前に、仕事を辞める
	障害福祉施設の通所	健康的な生活を送るために通う場所を選ぶ
	親との同居（介護）	親の介護を考え同居する（ケアプランを選ぶ）
	親の入院	病気等による入院とその治療方法を選ぶ
	成年後見（補佐・補助）	自分の財産管理や介護等で不利益を被らないための保障を選ぶ
	親の葬儀・埋葬	親の死亡に伴い葬儀・埋葬の方法を選ぶ
	親の財産等の相続	さまざまな財産の相続方法とその手続きを選ぶ
65歳～	介護サービスの利用	心身の健康状態に合った介護サービスを選ぶ
	高齢者向け住宅へ入居	心身の健康状態に合った生活の場を選ぶ
	相続の意向	自分の死後、財産をどのようにするかを意思表明する

さらに、自分も高齢になれば病気にかかりやすくなります。介護が必要な状態になる前に決めておきたいことも出てくるでしょう。

若くて元気なときから、いろいろな「意思決定の場」を繰り返し経験することで、意思決定の大切さと、どのように意思決定するかを学んでいくことができます。

（2）意思決定するものとは

年代による重大な意思決定以外にも、行うべき意思決定はたくさんあります。

図1は、意思決定を行う領域を「暮らす」「働く」「楽しむ」「健康を守る」「家族を支える」「人や社会とつながる」「お金を管理する」「福祉制度を利用する」の8つに分けて、どのような意思決定があるかを整理したものです。

誰もが、この図に挙げたすべての意思決定を行う必要はないかもしれません。また、この図にない重大な意思決定を行う必要が出てくるかもしれませんが、ここでは、それぞれの領域でいろいろな意思決定を行う機会がある、ということを理解しておいてください。

■第1章■　意思決定は大切

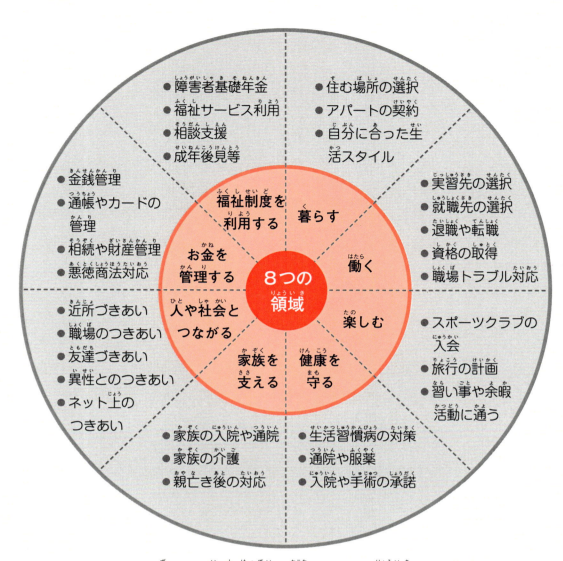

【図1　意思決定を行う8つの領域】

（3）意思決定をどう学ぶか

1）本書の構成

　本書には、「意思決定をする人向けに書かれた内容」と「意思決定を手助けする人向けに書かれた内容」に分けて書かれている部分があります。意思決定をする人向けの内容は、なるべく平易な表現を心がけました（**本人向けアイコン**が目印です）。一方、意思決定を手助けする人向けの内容は、意思決定支援の手続きの要点をまとめたもので、少し難しい表現で書かれているところもあります（**支援者向けアイコン**が目印です）。ただし、どちらの内容もすべての人に読んでほしいと考え、この本を作りました。内容の理解を

本人向け
アイコン

支援者向け
アイコン

13

助けるために、臨場感のあるマンガやイラストをたくさん載せてあります。

　また、意思決定を行う方法についても詳しく説明しています。その際、表2に示す6つの手順を大切にしています。第4章で紹介する事例についても、なるべく、この6つの手順に沿って紹介していきます。どの手順の話をしているのかがわかるように、該当部分には、表に示したアイコンを付けておきました。

　誰もが一人ひとり異なった人生を送りますので、事例そのままの意思決定の場面はあなたには起こらないかもしれませんが、事例にはたくさんのヒントが含まれています。最初は理解できない部分があったとしても、繰り返し読んだり、相談できる人に解説を求めたりして、理解を深めていってください。

〈表2〉　意思決定で大切な6つの手順

備 事前の準備	準**備**です。自分の意見を安心できる人に聞いてもらい整理します。
始 スタート	「意思決定の場」のスタート（開**始**）です。まず自分の意見を言います。
拡 拡げる	参加したほかの人から意見を言ってもらい、選択肢を**拡**げます。
比 比べて絞る	大きな将来の目標を確認し、選択肢を**比**べて絞り込みます。
決 決定する	あなたが最後に**決**めます。「意思決定の場」は終了です。
確 フォロー	「意思決定の場」の後に、決めたことがどうだったか経過を**確**認します。

2) 信頼できる支援者と一緒に学ぶ

最初にも書きましたが、意思決定は行為ですが、具体的に目に見える形があるものでも、音楽のようにいつも聞けるものでもありません。非常に抽象的でつかみにくいものです。どういうことが意思決定であり、どんなことが重大な意思決定の機会なのかは、繰り返し経験して学ぶ必要があります。時には、失敗することもあるかもしれませんが、変更する機会を改めて持つことができます。

支援者さんとの相性チェックをしてみよう

　この意思決定を学ぶには、あなたが信頼できる支援者を見つけておくことが大切です。あなたの人生は長く、人生の後半にも大切な意思決定の機会がたくさんあります。ですから、早い段階から、親以外にも信頼できる支援者を見つけてください。もちろん、あなたが見つける支援者は、その都度変わっていきます。福祉を専門としている人、役所の窓口の人、地域の世話役の人、卒業した学校の先生、友達の兄弟姉妹などいろいろな人がいますが、もっとも大切なのはあなたとの相性です。本書には、あなたにとって、信頼できる支援者はどのような人かを考えるヒントとして、「【試案1】支援者についてのチェックリスト」（108～113ページ）を掲載しましたので参考にしてみてください。

　実際に意思決定を行う前に、本書を読み返していろいろな事例を参考にしながら、事前の学習をしてみてください。また、意思決定を行った後も、もう一度読み返してみることをお勧めします。
　何度も繰り返し勉強することで、意思決定についての理解がだんだんと深まっていくはずです。みなさんのチャレンジを期待しています。

第2章　意思決定の場

支援者

本人

1　意思決定の場とは

　知的障害や発達障害のある人の支援に長く携わってきた者にとって、「意思決定支援」という言葉にはある種の戸惑いがあります。振り返ると私たちは、本人の思いや希望を積極的に聞いたり、いくつかの選択肢を用意することよりも、本人のためによりよいと思われる失敗しない方向付けを考え、その上で、知的障害や発達障害のある人に対して説得的なやり取りを行い、納得

してもらってきたことが決して少なくなかったように思います。

　選択し決定した結果が同じであっても、「自分で決めたことだから頑張る」「厳しいことや我慢しなくてはいけないこともあるけれど、自分にとって必要なことだから」など、自分で納得して決めたという実感がある場合には、100％満足していない意思決定でも大事にして、前向きに頑張れるでしょう。しかし、「結局周りの人たちの言う通りになってしまった」「自分の意見は十分聞いてもらえず、どこかに消えてしまった」「○○することと引き換えに承諾したけれど……」など、自分で決めたという実感がもてなかったり、押し付けられたと感じた場合の意思決定では、不満や不信感が残り、決めたことの実現への取り組みが遅々として進まないこともありました。

　こうした中、私たちは、「本人が自分のために決定する」という意思決定の目的を達成するために、「意思決定の場」として「意思決定会議（自分で決める会議）」を設定し、その内容を吟味しながら有効に活用していこうと考えました。また、こうした場を設定することにより、自分で決める意思決定の経験自体を積み重ねて学ぶことができ、将来のより重大な意思決定場面に備えることにもなると考えました。本書では、おおむね中学を卒業する年齢の

■ 第2章 ■　　意思決定の場

ころから「意思決定の場」を経験することを推奨しています。

　こうした試みを"ていねいなことだが現実味がないこと"として捉える関係者もこれまで少なくなかったと思いますが、我が国は 2014 年に「障害者権利条約」を批准し、「意思決定支援」を巡る状況は急速に変わろうとしています。意思決定は、毎日の暮らしや人生における自己実現のために、誰にとっても大切なことですから、ぜひ根付かせていきたいと考えています。

2　意思決定支援の流れ

　意思決定支援の流れ（図2）は、意思決定の場である「意思決定会議（意思決定の場）」を中心に、「意思決定前の準備」と「意思決定後のフォロー」の大きく3つの部分で構成され、さらに、意思決定会議のプロセスを「スタート ⇒ 拡げる ⇒ 比べて絞る ⇒ 決定する」の手順に分割して、必要な方策や支援のツールを検討しました。この手順全体の流れを通して、本人が自分の人生の意思決定の中心にいることを実感してもらうとともに、本人が自分で選択し、決定していく意思決定を可能にしていきたいと考えています。

		流れ	内容	支援ツール
備 意思決定前の準備		● 気持ちや希望の整理 ● 会議の準備や調整	・これから行う意思決定の内容の確認 ・意思決定の内容に対する理解の確認 ・本人の今の気持ちの整理　・情報の収集 ・自分と違う意見の予測 ・参加者を集める　・配慮事項 ・会議の日時と場所の設定	・「意思決定会議」支援シートＡ ＜自分の今の気持ちの整理＞ ・「意思決定会議」支援シートＢ ＜会議への要望の確認＞
意思決定会議（意思決定の場）	**始** スタート	● 気持ちや希望を伝えやすい雰囲気づくり	・体調と会議環境の確認 ・進行役の選任 ・会議のルールや意義の共有 ・本人の気持ちや希望の表明	
	拡 拡げる	● 多様な情報や意見を提供し選択肢を増やす	・関連情報を集めて提供 ・支援者の意見　・家族の意見 ・専門家の意見 （客観的情報や合理的な意見）	
	比 比べて絞る	● 本人の意思を尊重しながら候補を絞る	・2～3の選択肢に絞る ・大きな目標を確認し共有する （それに向かう小さな目標の設定） ・比較検討をする（良い点と悪い点） ・将来の変動を予測する （現在・1年後・5年後など）	・意思決定支援シート❶ ＜良い点・悪い点の比較表＞ ・意思決定支援シート❷ ＜現在から将来の変動予想表＞ ・意思決定支援シート❸ ＜買物（支出）検討シート＞
	決 決定する	● 本人が最終決定 当面の確認期間も決める	・本人が決める ・リスクが発生した場合の行動の確認 ・決定後の経過の確認方法を決める ・会議記録を作成し本人に渡す	・「意思決定会議」支援シートＣ ＜会議記録（本人用）＞
確 意思決定後のフォロー		● 決定したことの実現を目指す	・実現に向けて必要な支援を提供する ・実行経過の見守り（担当者や時期等） ・場合によっては再び会議を開催する （事前に決めておく場合もある）	

【図2　意思決定支援の流れ】

■第2章■　意思決定の場

3 意思決定前の準備

　意思決定会議の前に、「意思決定の内容そのものに関する本人の今の気持ちや希望などを聞く」ことと、「意思決定会議に関する本人の要望とその調整」の2つの準備が必要です。

(1) 意思決定の内容そのものに関する本人の今の気持ちや希望などを聞く

　まず、本人にこれから行う意思決定（意思決定支援）の内容について確認し、今の気持ちや希望を本人のことばで話してもらう最も大切なことからスタートします。一般的には、次のような流れになります。

- これからどんな意思決定を行うかを聞く（場合によっては意見交換で明確にする）。
- この意思決定について、どのような希望をもっているかを聞く（場合によっては意見交換で明確にする）。
- 今の時点で、意思決定を行っていくことに対して、どのような心配や葛藤があるかを聞く（場合によっては意見交換で明確にする）。
- 上記の3つが曖昧であったり、不明瞭である場合は、時間をおいて再度本人の希望などを聞く。

　これまで、「自分の意思を表明する場面がなかった」「意思決定をちゅうちょしていた」、あるいは「あらかじめ周囲から選択肢が示されて、自分の判断についてていねいに聞かれることはなかった」という人たちや、「自分の意見を言っても、いつもそれは"賢明ではない判断"とされてよく聞いてもらえなかった」という人たちが少なくなかったと思います。この意思決定前の準備では、それらしい形だけの建前やアリバイ作りではなく、「どうしたいのか」「何を一番心配しているのか」など、本人の今の気持ちや希望をていねいに聞くことを、

もっとも大切にしていきます。
　また、本人とは違う意見の存在、それを発言している人について、本人がそのことをどう理解しているのかを聞くことで、意思決定に際しての心配や葛藤があるかを感じ取ります。意思決定の内容において、本人の希望やそれとは異なる周囲の意見についての理解があまりにも不十分な場合には、意思決定会議の前に一定の情報提供を行うこともあります。その場合には、時間をおいて、再度希望を聞くことが必要かもしれません。意見交換することで、本人の希望がより明確になっていくこともあります。

　もう1つ大切なことは、これまでの本人の意思決定の積み上げを振り返ることです。支援者側の理解を深めるだけでなく、本人の自己理解も深まり、自己選択についての一貫性を相互に確認する機会にもなります。

　本人に明確な希望がなかったり、あまりにも不十分な選択肢しかイメージできない場合には、次回の聞き取りの前に、可能な見学や体験をする機会を用意することもあります。例えば、ネットから得た不正確でネガティブな意見に捉われているような場合、当事者グループに参加することで、仲間の経験や意見に直接触れ、そこから本人の希望が明確になったり、選択肢が豊かになるなど可能性も広がります。
　一方で、時間をおいたり新たな体験の機会を提供しても、本人が曖昧な理解のままである場合もあります。そのような場合、何度も聞き取りを繰り返すのではなく、意思決定会議の場で改めて検討するべきと考えます。
　この「意思決定の内容そのものに関する本人の今の気持ちや希望など」に関する聞き取りについては、【「意思決定会議」支援シートA＜自分の今の気持ちの確認＞】（27ページ）が参考になります。

（2）意思決定会議に関する本人の要望とその調整　備

　次に、意思決定会議に関する本人の要望を確認します。この内容は【「意思決定会議」支

■ 第2章 ■　　意思決定の場

援シート**B**＜会議への要望の確認＞】（28ページ）が参考になります。

日時・場所などの設定

　本人が意思を伝えやすい場所や時間などを考慮して設定します。会議時間は一人ひとり設定しますが、おおむね40〜60分が目安です。また、「会議では、ホワイトボードを使いながら、わかりやすく話し合いを進めてほしい」といった要望に対しても配慮していきます。

情報を集める、参加者を集める

　意思決定会議のテーマに関わる必要な情報は、できるだけていねいに集めて整理しておくなど事前の準備が大切です。また、これに関わる人たちの参加要請も行っていきます。

〈表3〉　意思決定会議参加者の立場と役割

立場	役割	参加者
本人の立場	自分の気持ちや希望を表明する。自分の知らない情報や自分と違う意見を聞く。そして、最後に意思決定をする。	本人。
本人側の立場	本人の意向がほかの参加者に正確に伝わるように配慮し、代弁することもある。	本人の気持ちや好み、日頃の生活等をよく知っていて、本人の代弁的な立場に立てる人。本人が信頼し、参加を希望した人。
中立的な立場	会議の司会・進行、本人の理解度の確認、ボードに書く、記録の確認。	福祉事務所職員・相談支援事業所職員など（会議の招集者）。
支援者の立場	地域社会やコミュニティの中で生活を続けるために、本人が守るべき行動やルールをわかりやすく提示する。また、本人の選択肢に関連する情報（メリット・デメリット）を本人に理解できるような形で提示する。	支援機関：就労支援機関・作業所・グループホーム・ヘルパー事業者など。 コミュニティ：学校・企業・作業所・グループホーム・介護事業者・自治会・大家・不動産事業者など。
専門家の立場	専門性のある立場から、検討する内容について客観的な意見や予測、事例等を紹介し、本人や参加者に情報を提供する。	医療関係者・法律関係者など（同席が難しい場合には、意見をわかりやすく示した資料等を本人用に用意してもらう）。
家族の立場	本人の周囲にいる情報提供者の一員として、賛成あるいは反対意見などを提供する。	家族。

参加者は、本人が全体を把握しやすいように3～6名程度を基準とし、本人側に立つ人とそうでない人の割合はなるべく同数を目指し、本人が孤立感やストレスをできるだけ感じないように配慮します。また、本人が希望する参加者についても検討します。本人を含め参加者には、表3のようにいろいろな立場と役割があります。会議の参加者は、会議を重ねるごとに、あるいは状況によって増えたり減ったりして変わることがあります。

配慮すること

　「話し合いの早さはどれくらいがいいか」「漢字や難しい言葉はフリガナをふったり、やさしい言葉で言い直してほしい」「会議はホワイトボードにわかりやすくまとめながら進めてほしい（スマートフォンで写真に撮っておくと便利）」などのほか、集中できる会議の長さや休憩時間の取り方、騒音など気になることについても配慮を検討します。

　また、場合によっては「休憩カード」（疲れて集中できなくなったとき）や「イエローカード」（よくわからなかったのでもう一度説明してほしいとき）などを使って、本人がより意思表示しやすいような工夫もします。

4　意思決定会議（意思決定の場・自分で決める会議）

　ここでは、「スタート」「拡げる」「比べて絞る」「決定する」という4つの手順に分割して進めていきます。

（1）スタート　始

　スタート段階では、以下の7つの内容を行います。

■ 第2章 ■　　意思決定の場

1）本人の体調や情緒の安定、疲労、服薬の影響等を確認します。

2）参加者の座る位置や配慮事項を中心に会議環境について確認します。

3）事前に参加者が打ち合わせていたかのような印象を与えやすいので、会場への入室は本人が最後にならないように配慮します。また、緊張を緩和するよい方法として、信頼している人と会場前で待ち合わせてから入室する方法もあります。

4）進行役には、できるだけ中立的立場で会議の運営に長けている人を選びます。司会・進行役は、参加者なら誰でもなることができます。

5）会議のルールを参加者全員で共有します。

　・会議の内容や共有された情報については、参加者全員に守秘義務がある。

　・本人の理解を助けるために、ボードに書きながら話を進めたり、話し方の工夫をする。

　・提供される資料は、できるだけ理解しやすいように配慮して作る。

　・わからないことがあったら、いつでも「わかりません」と言って話を止めることができる（「イエローカード」の使用）。

　・意思決定を行った後でも、変更する機会を改めてもつことができる。

　・話し合われた経過と結果について、本人用にわかりやすくまとめた会議記録を作って渡す。

6）会議を開催する意義を参加者全員で共有します。

　・本人の生活や活動が円滑になるため。

　・本人の生活や行動を妨げている問題の解決を図るため。

　・本人が自分のためになる意思決定をするため。

　・本人が会議の経過や結果によって、会議前よりも不安が少なくなり元気になるため。

7）本人の気持ちや希望を表明します。

　本人の気持ちや希望を聞き取って整理した内容を活用して、本人あるいは代弁者が表明するか、資料として作成し配布します【「意思決定会議」支援シート Ａ ＜自分の今の気持ちの確認＞】（27ページ）。

（2）拡げる　拡

　多様な立場の人たちから情報や意見の提供を受け、はじめに本人がもっていた以上に、選択肢の幅が拡がるようにします。家族や支援者たちの参加者は、味方になって勇気づけたり、あるいは反対者となって意見をやり取りすることで、本人の意思形成に関わっていきます。

23

一方、専門家としての参加者は、彼らとは一線を画し、中立的な第三者として客観的な情報や合理的な意見を提供し選択肢を拡げていきます。

（3）比べて絞る　比

会議の中で複数出てきた選択肢の中から、2～3の選択肢に絞り込んでいきます。まず本人にとっての大きな目標を確認し、参加者の間で共有することが大切です。例えば、「今の仕事をやりがいをもって続けたい」「安心してリラックスできるひとり暮らしを実現したい」「楽しく充実した余暇を過ごしたい」といった大きな目標を共有することができれば、そこに向かって進んでいくための小さな目標（身近な目標）を選択肢の候補として挙げていくことができます。このように選択肢を絞り込んでいく過程は、異なる目標のどちらかを選択することばかりではありません。

また、比較検討する際には、良い点と悪い点を比較できるわかりやすい表【意思決定支援シート❶＜良い点・悪い点の比較表＞】（67ページ）や、現在から将来への変動を予想する表（例えば、現在・1年後・10年後）【意思決定支援シート❷＜現在から将来への変動予想表＞】（77ページ）、あるいは、買い物などを検討する【意思決定支援シート❸＜買い物（支出）検討シート＞】（51ページ）などの比較検討ツールを活用していきます（必要に応じて、できるだけわかりやすく簡単なシートを作成して使ってみましょう）。

■第2章■　　意思決定の場

（4）決定する　決

　絞り込んだ選択肢を比較検討した上で、本人が自分で意思決定を行い、参加者に伝えます。この決定結果は尊重されます。
　本人が自分のために決定した結果には、実行していく上で厳しい側面もあるけれど自分にとっては必要であると判断した選択や、その一方で、自分のやりたいことしか目に入らない、今の辛い状況からとにかく逃げたいために不合理でリスクの高い選択をするような場合もあります。また、不安を感じていたり、自信がもてないような意思決定もあります。いずれにしても、決定後には以下の対応を進めていきます。

❶ 本人が選択した選択肢のメリットやデメリット、リスク（トラブル）を再確認する。
❷ デメリットやリスクへの予防方法について検討する。
❸ リスクの発生を想定して話し合い、そのとき本人が取るべき行動を決めておく（例：電話で○○に連絡する）。
❹ 本人からの連絡がない場合でも、経過報告できるよう次回の会議を設定しておく。あるいは、当面の期間を決め、経過を見守る担当者を決めておく。
❺ 必要な場合には改めて会議を開催し、再検討して変更や修正を図る。
❻ 最後に、会議の経過と結果を、本人にわかりやすいようにまとめた会議記録を渡す【「意思決定会議」支援シート●＜会議記録（本人用）＞】29ページ）。

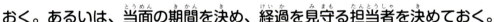

5　意思決定のフォロー　確

　どんな決定にもリスクは必ずあります。結果がうまく出ないとか混乱が発生したときに備えて、いつ、誰がその後のチェックをし、どう対応するかを意思決定会議の中で決めておく

ことが大切です。参加者には、「ほら見なさい」「だから言ったでしょう」「もう知らない」という姿勢ではなく、「失敗した後もつきあうよ！」というスタンスで向き合っていく姿勢が求められます。

意思決定を行い、その実現に向けて動き出したときには、本人の環境等に大なり小なり影響が出て、これまでとは違った変化が起こってくるものです。会議終了後の本人の気持ちの整理なども含めて、そうした負担感に対しても見守っていく支援が必要です。

また、意思決定をしたら、すぐに問題が解決するというものではありません。やっと走るべきコースが決まり、スタートラインに立った状態だと考えてください。そのため支援者の立場では、意思決定支援の際に、決定した内容の実行経過の見守りや問題解決実現への支援についても、合わせて考えていくことが必要であり大切になります。本人の意思決定を尊重しながら、"失敗させない支援"から本人の意思決定による小さな失敗を良しとする"安全弁のついた失敗"を経験するためには、意思決定後のフォロー体制が重要になります。ただし、小さな失敗を経験することによる学習方法は、小さな失敗を大きく感じてしまう人も少なくないので、その適用は個別であり十分な配慮と注意が必要です。

問題が解決されない、リスクが顕在化して混乱が生じたなどの場合には、改めて意思決定会議を開催します。また、経過確認のために次の会議日程を事前に決めておく場合もあります。意思決定は変わってもいいもの、変化するものとして捉え、再検討してその時点で可能な変更や修正を行っていきます。

■ **第2章** ■　　意思決定の場

● 「意思決定会議」支援シート**A**　**＜自分の今の気持ちの確認＞**
（自分で決める会議）　　　　　　　名前 ....

平成　　年　　月　　日（　　）　　　　　　：　　　～　　　：
.... で開かれる会議で発表する

会議で 決めること	
自分の 今の気持ち	
自分の 将来の夢・ 将来の目標	

自分が不安なこと・よくわからないこと・考えていること・・・何でも書いてください

＊周りの人の意見・自分とは違う意見について

だれが？	自分とは違う意見	ほかの人の意見に対して、 思っていること・感じていること

このシートの作成を手伝ってくれた人	

＊空欄ができても、そのままで大丈夫です。

27

● 「意思決定会議」支援シート**B** ＜会議への要望の確認＞
（自分で決める会議）

会議の名前	------------------------------　さんが （　　　　　　　　　　　　　　　　　　　　　　） を決める会議	
会議の日時	平成　　年　　月　　日（　　）　　　　：　　　　～　　　　：	
会議の場所		
会議で相談したいこと、決めたいこと		
会議を開く理由		
決めることに期限がありますか？	・ない ・ある　　　　（　　月　　日（　）までに決める必要がある）	
	氏　名（フリガナ）	所　属（フリガナ）
会議の参加を予定している人の名前・所属		
会議への参加を希望する人		
会議へ参加してほしくない人		
会議で配慮してほしいこと	話し合いの速さ	・普通　・ゆっくり　・とてもゆっくり
	漢字や難しい言葉	・フリガナをふってほしい ・難しい言葉はやさしい言葉で言い直してほしい
	会議中の板書 会議の記録	・会議で話し合われることを、わかりやすくホワイトボード等にまとめながら進めてほしい ・会議で話し合われたことを、わかりやすく記録して自分にも渡してほしい
	話し合いの内容をほかの人に秘密にしてほしい	・会議のはじめに確認してほしい
	会議の長さ等	・（　　　）分くらいしたらトイレ休憩がほしい ＊緊張しすぎたり、気分が悪くなったら、いつでも休憩できます
	飲み物の持ち込み等	＊自分の好きな飲み物をそれぞれがご用意ください
	その他（騒音・話し合いの妨げになる、気になること等）	

■第2章■ 意思決定の場

● 「意思決定会議」支援シート**C** ＜会議記録（本人用）＞

（自分で決める会議）

会議の名前	---------------------------- さんが （　　　　　　　　　　　　　　　　　　　　　　　　　　　） を決める会議
会議の日時	平成　　年　　月　　日（　　）　　　　　：　　　～　　　　：ニニ
会議の場所	
会議で相談したこと	
自分の将来の夢・将来の目標	
会議に参加した人の名前・所属	<table><tr><td>氏　名（フリガナ）</td><td>所　属（フリガナ）</td></tr><tr><td>----------------</td><td>----------------</td></tr><tr><td>----------------</td><td>----------------</td></tr><tr><td>----------------</td><td>----------------</td></tr><tr><td>----------------</td><td>----------------</td></tr></table>
会議で話し合われたポイント	
話し合いの内容	
自分で決めたこと	
残された課題	
困ったことが起きた場合の相談先	困ったことが起きたら：
次回の会議予定	日　時： 場　所： 会議を開く責任者：

29

第3章 マンガで見る日常生活での意思決定

本人 支援者

　「意思決定の場」は、人生において重大な意思決定を行う時だけに必要なことと思っていませんか。しかし、第1章の図1「意思決定を行う8つの領域」で示したように、身近な日常生活の中にも意思決定をすることがたくさんあります。また、第2章では、自分で決める意思決定の経験を何度も積み重ねていくことが、将来しなければならない重大な意思決定場面に備えるために大切であることを述べました。

　本章では、身近な日常生活の中での意思決定をマンガで紹介することで、意思決定についてより具体的なイメージを持ちやすいようにしました。このマンガを読み進めると、身近なことで悩みがあったり、周りの人との間で解決しなければならない問題がある時に、「意思決定会議」を開くことがとても有効であることをわかっていただけると思います。

　さらに、「意思決定会議」を充実したものとするためには、支援者側の関わり方も重要になってきます。そこで、マンガのストーリー展開に合わせて、少し細かく支援者側のポイントも明示しました。支援者はもちろんのこと、当事者の方も理解を深める参考にしてください。

＜ストーリーの主な内容＞

- 自分の悩みを相談することから、「意思決定会議」が開催されるまで。
- 「意思決定会議」で自分の希望を表明するとともに、参加者から情報の提供を受ける。
- 自分の意思で選択肢を絞り込み、必要な追加情報の収集を行う。
- 自分で意思決定をして、それを関係者に表明する。
- 意思決定をしたその後のフォローについて。

＜事例について＞

　第3章と第4章で紹介する7つの事例は、全て架空のものですが、これから「意思決定」を学んでいく皆さんにとって、意思決定の具体的なイメージを持つことの助けになるものです。また、人生の中で体験するかもしれない様々な出来事での意思決定についても、理解を深めていけるものと思います。

事例 家中のあちこちを占拠するマンガ本！
～お金のやりくりを巡る問題～

当事者
マミ（32）
軽度判定の療育手帳（B2・4度）を持つ女性。漬け物工場に勤務して3年になる。

マミさんの家は、両親とお兄さん（34）で豆腐屋を経営していて、1階が店舗と小さな工場、2階・3階が家族4人の住まいです。
マミさんのお兄さんは半年後に結婚し、奥さんになるサキさんも同居する予定です。

マミさんが今抱えている悩みとは？
その解決方法は？
相談から意思決定までの流れを、マンガで一緒に体験してみましょう。

■ 第3章 ■ マンガで見る日常生活での意思決定

マミさんの当初の要望

1. マミさんとしては、好きなマンガを第1巻から買い揃えていきたい
2. マミさんとしては、大好きなマンガを捨てることはできない

Point 1 本人の意向を明確化・視覚情報での提示

Point 2 周囲からの指摘・周囲との対立内容の明確化

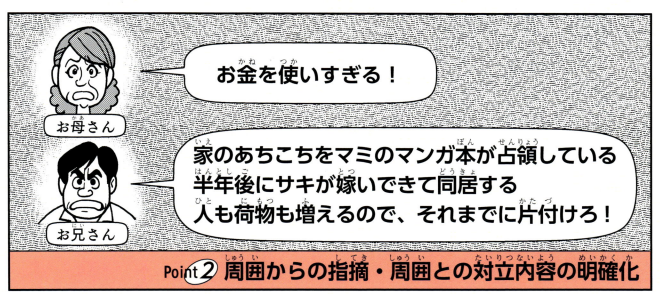

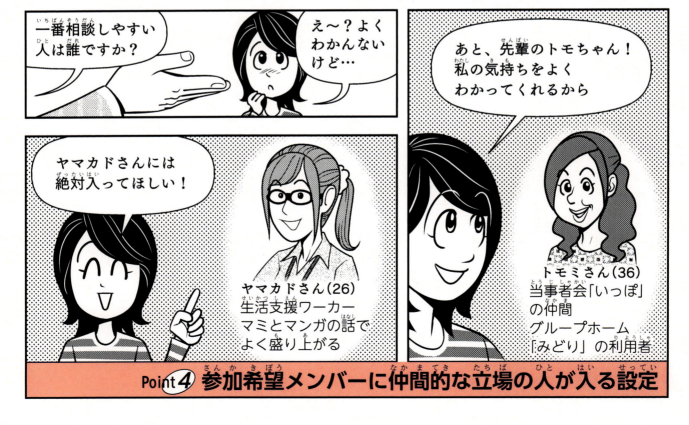

■ 第3章 ■ マンガで見る日常生活での意思決定

Point 5 意思表示や意思伝達の代行がメインではないことの明確化

Point 6　1回で終わってしまうものではないことの明確化

■ 第3章 ■ マンガで見る日常生活での意思決定

Point 7
「意思決定会議」の会場について確認

■第3章■ マンガで見る日常生活での意思決定

Point 8 身近な例についての情報提供は仲間的な立場の人からもたらされることが多い

Point 9 身近な例についての情報提供

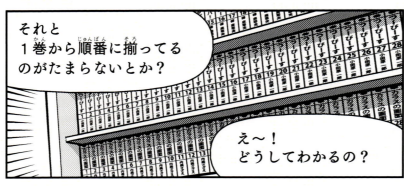

■ 第3章 ■ マンガで見る日常生活での意思決定

Point11 選択肢を拡げる情報の提供

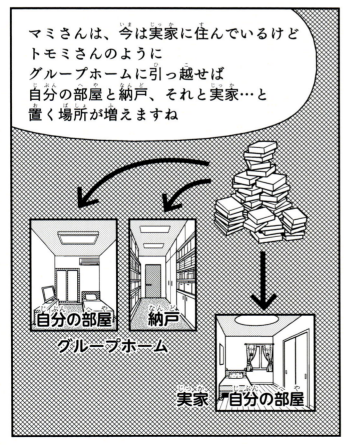

Point12 考え方を拡げてみることへの支援

Point 13 本人が新たな選択肢を発見

話を元に戻しましょう

マンガ本の置き場所について1つずつ確認させてください

でもそのうちマミが彼氏といっしょに暮らしたいって言ったら…

え〜？　やだぁ　いないよそんな人ォ

彼氏ができた時にゆっくり考えてくださいね

お兄さんたちが使うことになる部屋には置かない

OK

これはいらないなというマンガ本があれば古本屋に売る

‥‥

あんまりないと思うけどね

あまり読んだり描いたりしないマンガ本はセンターのフリースペースに置く
（どのくらい置いていいかはまた相談する）

もちろんOK！

家ではできる限り自分の部屋にだけ本を置くようにする

そうしたいけどできるかなあ…

なるべく自分の部屋だけに置くようにするがどうしても置けない時は、お父さん・お母さんに聞いてどこかに置かせてもらう
ただし「グループホームに行く時は片付けます」と約束する

じゃあこれだとどう？

ウン！　これならお兄ちゃんもわかってくれるかも

Point14　選択肢の絞り込みと結論の確認

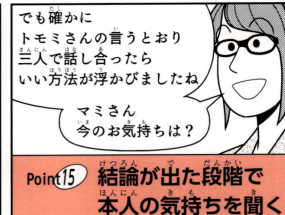

Point15 結論が出た段階で本人の気持ちを聞く

Point16 結論を具体的な行動につないでいくための支援

Point18 継続するか次回に回すかについて本人の意向を尊重

意思決定の場
第2回 マミさんの意思決定会議
〜お金のやりくりを巡る問題〜
20XX年6月14日(土)
場所：センター内相談室
参加者　マミさん　ヤマカドさん　トモミさん

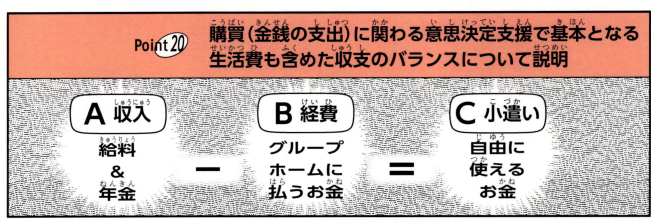

■第3章■ マンガで見る日常生活での意思決定

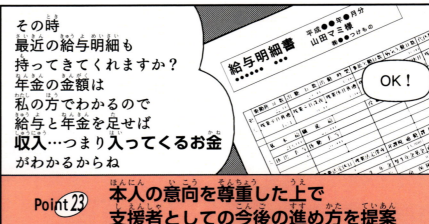

■ 第3章 ■ マンガで見る日常生活での意思決定

意思決定支援シート ❸

＜買物（支出）検討シート＞

① 検討日	20XX 年 6 月 14 日 （土） 13 時 30 分 ～ 14 時 00 分

② 参加者	マミさん、トモミさん、ヤマカドさん
③ 検討すること	マンガ本や CD を買うお金のこと
④ 金額	・値段　　　　　　円 ＋ 消費税　　　　　　円 ＝　　　　　　円 ＋その他にかかる費用：　　　　　　円 1ヶ月 20,000 円くらいだと思う（マンガ本と CD で）

⑤ 自分の気持ち	⑥ ほかの人が 言っていること	
好きなマンガ本や CD を買いたい	誰が	どのように
	母親	お金を使いすぎる

⑦ 検討

ア）③は　A　どうしても必要ですか？　　　　　　　はい・いいえ・（迷っている）
　　　　　B　「あればいい」、「欲しい」というものですか？　はい・いいえ

イ）今、ほかにどうしても必要なものや、欲しいものはありますか？
　　ない・ある ⇒ それは何ですか？（　　　　　　　　　） ⇒ 優先順位は（　　　　　）

ウ）③は　A　前から買いたい（行きたい・やりたい）と思っていましたか？
　　　　　はい・いいえ ⇒いつごろから（　前からずっと買っていた　）
　　　　　B　最近買いたい（行きたい・やりたい）と思うようになりましたか？
　　　　　はい・いいえ ⇒きっかけは、なんですか？（　　　　　　　　　）
　　　　　C　誰かに勧められましたか？
　　　　　はい・いいえ ⇒だれに（　　　　　　　　　　　　　　）

エ）③が、欲しい・必要なのはどうしてですか？
　　・友達が持っている　　　・テレビや雑誌などで見た　　・お店で見つけた
　　・あった方がいいと思った　・（　　　　　）さんを喜ばせたい

オ）③に、似たようなものを持っていませんか？　ある・ない　マンガ本はたくさんある。

カ）④の金額は、どのようにして払いますか？　毎月給料がある。そこから払っている。

キ）④の金額を、払った場合
　　・生活は大丈夫ですか？　はい・いいえ　・意見を聞いて検討したい。
　　　⇒結論：今はいいけど、グループホームで暮らせるかわからない。
　　・ほかに買いたいものは、買えますか？　はい・いいえ　・意見を聞いて検討したい。
　　　⇒結論：

ク）【キ）の結論が厳しい場合、考えてみましょう】④の金額を安くする方法はありますか？
　　＜参考＞安い店で買う、機種を変える、ほかの会社の製品にする、中古で買う、借りる…など
　　古本屋で買うのはあり。

⑧ 今回の結論

・予定通り買う　・金額を変更する（方法：　　　　　　　　金額：合計 約　　　　円）
・買うのを後にする（　　年　　月頃）　・今回は買うのをやめる　・もう少し検討する ⇒⑨

⑨ 【⑧で「もう少し検討する」とした場合】　次回は・・（1ヶ月間の支出を確認する）

ア）日時：20 × × 年 7 月 19 日 （土） 13 時 30 分 ～ 14 時 00 分	イ）場所：　なでしこ

ウ）参加してほしい人：　ヤマカドさん

エ）それまでに調べておくこと：　1ヶ月分のレシート＆メモをとっておく

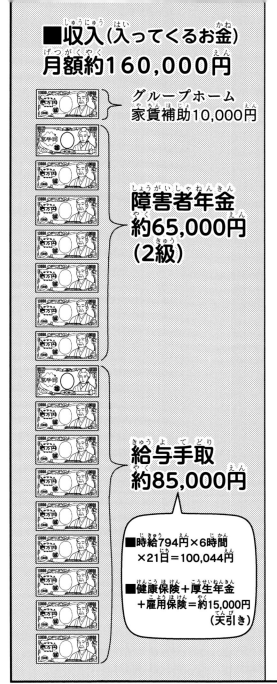
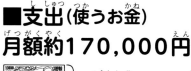
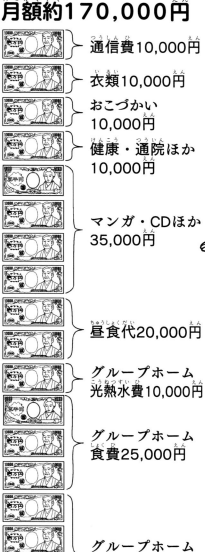

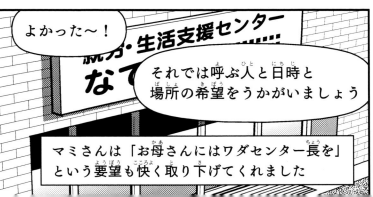

意思決定の場
第3回 マミさんの意思決定会議
～お金のやりくりを巡る問題～

20XX年8月9日(土)
場所：センター内相談室

参加者　マミさん　ヤマカドさん　トモミさん　お母さん　お兄さん

① いつかは、トモミさんのようにグループホームで暮らしたい。

② マンガ本とCDを買うのを減らせば、給料と年金の収入を使ってグループホームで暮らしていけることが分かった。
そこで今から、グループホームに行っても生活していけるように、マンガ本とCDの購入を減らしていく。月に何冊までとか、いくらまでとか具体的に決めるようにする。

③ 今まで、あまり興味がなかったけれど、支援センター「なでしこ」でやっている「生活講座」にも参加して、お金のことなどについて勉強していく。

④ これからも、トモミさんやヤマカドさんと話し合いたい。マンガ本の片付けやお金のことがちゃんとできたら二人に報告したい。

■ 第3章 ■ マンガで見る日常生活での意思決定

その後…

マミさんは、これまで**お金**のことや
お小遣いのことについて、
誰かに相談したことはありませんでした。
でも、今回のことがきっかけとなって、
ヤマカドさんに相談するようになりました。
今は2週間に1回くらい、レシートや
買った物のメモを持っていき、
ヤマカドさんと支出のチェックをしています。

マンガ本については、使うお金を減らすために、
なるべく古本屋さんなどで買うことにしました。
しかし、安いからといってたくさん買ってしまうと、
また家中にマンガ本があふれてしまうので、
ヤマカドさんと相談して**月10冊まで**と決めました。
月の初めに10冊買ってしまって、
翌月まで買えない時に
イライラすることもありますが、
意思決定会議をやったおかげで、
トモミさんやヤマカドさんが
その気持ちをよ～く知っていてくれるので、
愚痴を聞いてもらったりして
何とか乗り切っているみたいです。

生活講座では…
就労して1日6時間×週5日働いて、
障害者年金(2級)を受給している人は、
グループホームやアパートで暮らし始めても、
お金の面ではやっていけます。
また、グループホームやアパートでは、家賃や食費、
光熱水費などを自分で出すのは当たり前です。
だから、実家にいる人も、
家賃や食費、光熱水費の一部を出すのは、
家族として社会人として当たり前の責任です。
という話を聞いたマミさんは、
「私も出せる!」と思いました。
今度、お母さんに話してみようと思っています。

第4章 人生の中で重大なことの意思決定

本人 支援者

▶ 事例1 タカシさん：充実した余暇とお金の管理

（1）プロフィール

　タカシさん（男性26歳）は、現在6畳の部屋と3畳のキッチン、風呂とトイレが付いたアパートでひとり暮らしをしています。母親が一人で住んでいる実家は、電車で1時間ほど離れています。仕事は食品を加工する工場に就職して7年目です。身だしなみの清潔さに厳しい会社ですが、一生懸命仕事をして上司や同僚の人たちから信頼されています。

　仕事以外では、地域の野球チームに所属するなど、余暇活動も充実していました。

（2）背景

1）ひとり暮らしを始める

　タカシさんは、会社へ就職して半年後、実家を出て近くのグループホームで暮らし始めました。自分の将来について母親と考えた結果、目標を「アパートでひとり暮らしをする」ことに決め、その第一歩としてグループホームを選択したのです。そして、グループホームを利用して5年経ったころ、タカシさんは目標であったアパートでのひとり暮らしを始めました。

　ひとり暮らしで一番心配だったお金の管理については、地域の社会福祉協議会の「日常生活自立支援事業」の助けを借りることにしました。通帳の管理を生活支援員に頼み、毎月1回、生活支援員と一緒に銀行へ生活に必要なお金を下ろしに行き、1ヶ月間のお金の使い方を相談して決めていました。タカシさんはこの事業の助けを借りるために、毎月2,000円を支払っています。

　半年ほど前、B先輩から「自分が稼いだ給料なのに、自分の好きなように使えな

■第4章■ 人生の中で重大なことの意思決定

のは変だ！」と言われて悩んだ後、日常生活自立支援事業の契約を解約することにしました。

2）お金の管理でトラブル

そして、日常生活自立支援事業の解約をして6ヶ月が経過しました。タカシさんは職場のA先輩やB先輩に、カラオケや飲み会に誘われるなどして、とても楽しい生活を送っていましたが、貯金は徐々に減っていきました。

解約後の様子を見に来た日常生活自立支援事業の専門員は、タカシさんの貯金が半年間で100万円から55万円に減ったことに気付きました。専門員は、お金の管理について早急に検討する必要があると考え、意思決定の場（意思決定会議）の開催を提案しました。

（3）当初の気持ちや希望　備

知的障害者相談員にお願いして、タカシさんの気持ちや考えをていねいに聞き取りました。それによると本人は、現状のままの生活（自分でお金の管理を行い、自由に自分のお金が使える環境）を変えたくないと思っていました。そして、意思決定会議での自分の応援者として、職場の二人の先輩（A先輩・B先輩）を希望しました。本人は、「今のままの生活を継続すること」を強く希望し、「お金の管理は自分でできるので継続したい」と主張しています。しかし、タカシさんの要望を聞いていくと、B先輩にお金を貸していること、そしてボーナスで全部返すのでさらに5万円貸してほしいとお願いされていることも判明しました。

タカシさんの気持ちや考えを、以下のようにわかりやすく整理しました。

57

❶ 現状のまま、自分でお金の管理を続けたいと思っている。
❷ 貯金がこんなに減っているとは思わなかった。貯金は大事だと思っている。
❸ 最初に仕事を教えてもらったB先輩を尊敬している。先輩に「助けてくれ」と言われれば助けてあげたい。
❹ 職場の付き合いや野球での付き合いは、大切だし楽しいので絶対にやめたくない。
❺ いろいろな問題が起こっているので、どうしたらよいか困っている。

（4）意思決定会議（意思決定の場）　備

▼参加者

知的障害者相談員、日常生活自立支援事業所職員、福祉事務所職員、会社のA先輩（もう一人のB先輩には出席を断られている）

▼大きな目標の確認　備

● 現在の仕事をやりがいをもって続けていきたい。
● 友人関係や趣味を大切にして、楽しく充実した生活を送りたい。
● もしものことを考えて、貯金は少しずつでも増やしていきたい。

▼現在の状態を確認　備

日常生活自立支援事業の支援をやめてから、6ヶ月間のお金の使用状況を全員で確認することにしました。収入と支出を見直してみると……

● 毎週末、先輩に誘われて飲み会やカラオケに出かけていた。
● 月に5回、野球チームの練習や試合に参加、試合の後はいつも飲み会へ。
● 交通事故を起こして病院代が足りないB先輩に、毎月2万円ずつ、合計6万円貸していた。
● 以前は毎月2万円貯金していたが、現在はしていない。毎月の支出が収入を上回り、貯金から下ろしている上に、飲み会代や大きな買い物、先輩に貸したお金等で合計約45万円を引き出していた。

毎月の収支（収入と支出）と貯金からの引き出し金額の内訳は、次ページの表のとおりです。

■ **第４章** ■　人生の中で重大なことの意思決定

毎月の収支一覧表

毎月の収入：14 万円		毎月の支出：15 万円	
給与	14 万円	家賃	5 万円
		光熱水費	3 万円
		夕食・朝食	3 万円
		昼食の弁当代	1 万円
		携帯代	2 万円
		おやつ等	5 千円
		スポーツ新聞・漫画等	5 千円

貯金から引き出した金額の一覧表

貯金からの引き出し：45 万円（6 ヶ月間）	
毎月の赤字（1 万円×6 ヶ月）	6 万円
飲み会（1 回約 3,000 円 ⇒ 毎月 9 回参加×6 ヶ月）	16 万円
野球用品（新しいユニホーム、グローブ）	4 万円
自転車	3 万円
大きな液晶テレビ	7 万円
コンサート 2 回	3 万円
先輩に貸したお金（2 万円×3 回）	6 万円

▼**タカシさんの今の気持ちを発表**　始

　事前に知的障害者相談員と一緒に整理したタカシさんの今の気持ちなどを、メモを見ながら自分で説明しました。

▼**検討したこと**　拡　比

● 自分一人でお金の管理を続ける ⟷ 日常生活自立支援事業の支援を再開する

● 先輩や野球チームの飲み会に参加する ⟷ 参加回数は月 4 回くらいまでにする

● B 先輩を助ける ⟷ B 先輩から今すぐお金を返してもらう

● 貯金は減らしたくない ⟷ このままの生活だと毎月 6 万円程度貯金を引き出すことになり、9 ヶ月後には貯金がゼロになる

（5）タカシさんの意思決定

① 先輩との付き合いや野球チームは継続するが、飲み会は月4回までにする。
② B先輩へお金を貸すことも本人の強い希望で実施。ただし、A先輩にお願いをして、お金を貸す時とボーナス時の返却に立ち会ってもらうことにする。
③ 大きな買い物は、日常生活自立支援事業の職員に相談してから購入することにする。
④ 家賃が安い公営アパートの申し込みをする。
⑤ 日常生活自立支援事業所へ月1回行って、金銭管理のチェックをしてもらう。
⑥ 貯金が30万円以下になったら、もう一度会議を開く。

（6）その後の経過

● タカシさんはA先輩立ち会いの下、B先輩にさらに5万円を貸そうとしましたが、B先輩はタカシさんの貯金が少なくなっていることを聞いて、「タカシさんからこれ以上お金を借りない」「借りたお金を毎月5千円ずつ返す」ことを約束しました。
● 職場の先輩や野球チームの飲み会は、月に4回程度で我慢しています。自分で考えて参加する飲み会の日を決めています。
● お金の使い方の相談に乗ってくれている日常生活自立支援事業所の職員は、お金以外のいろいろな相談や手続きも手伝ってくれています。
● 公営住宅への申し込みも手伝ってくれ

■第4章■ 人生の中で重大なことの意思決定

た結果、数ヶ月後に当選し、家賃を毎月2万円に下げることができました。
● 前の会議から半年が経過し、大きな出費としては引っ越し代が約5万円かかりましたが、それ以外は毎月のお金の使い方を考えて節約し、貯金は55万円から減っていません。うまく節約できた時には、1万円程度貯金できる月もありました。
● B先輩は最初の1ヶ月目に5千円を返してくれましたが、その翌月にはお金を返さないまま退職してしまいました。このようなことからタカシさんは、もう一度日常生活自立支援事業と契約をしようと考えています。

ひとり暮らしのお金の管理の落とし穴

家族と目標にしてきた「ひとり暮らし」を始め、さらにお金の管理も自分でしようとする気持ちは、とても大切で素晴らしいことです。しかし、自分一人だけでお金を管理することには、次のような落とし穴があります。

● 毎月の収支がいつの間にか赤字になっている。
● 生活を豊かにしてくれる液晶テレビ等の家財を、ついつい買いすぎてしまう。
● 職場の知人や趣味の付き合いに誘われると、断れずにお金を使いすぎてしまう。
● 職場の人間関係の中でお金の貸し借りをしてしまい、だんだんエスカレートしてしまう。

これらのことは、タカシさんの事例でも起こっていたことです。

コラム❶　「意思決定会議」の話し合いで大切なこと

■ 手伝ってもらう人は……

話し合いの場面で大切なことは、あなたの気持ちや希望を会議の前に整理しておくことです。そのためには、あなたが最も信頼する人と一緒に、あなたの気持ちや希望を整理して自分で話せるように、あるいは話し合いの場面で配れるようにしておきましょう。また、自分の代わりに代弁者に話してもらうこともできます。話し合いの前の準備を手伝ってもらう人は、次に挙げた条件に合っているとあなたが思える人です。

❶ あなたの気持ちや意見をよく理解してくれる。
❷ あなたの話をよく聞いてくれる。
❸ その人は、自分の意見やアドバイスを言わない、または押し付けない。
❹ あなたの気持ちを、わかりやすく整理してくれる。

■ 夢や希望と現実の壁

あなたが自分にとって大切なことを決める時、もう1つ大切なことは、「自分が今後どのような生活を希望しているか」という大きな目標をもっていることです。

イラストを見てください。誰もがぶつかることですが、自分が希望する夢は、現実にはなかなか希望通りにはなりません。それはお金が足りなかったり、自分の能力が不足していたり、周りの人が自分を認めてくれなかったり──これを「現実の壁」と呼びましょう。その「現実の壁」にぶつかって自分の希望がかなわない時、すぐにその希望をあきらめてしまうのではなく、遠回りでもその希望に近づく方法を考えてみましょう。

例えば、タレントや歌手になってテレビに出演したいという夢をもっている人がいたとします。すぐには夢がかなわなくても、自分の仕事の合間に、歌やダンスのレッスンに通い始めるというのは、回り道ですが自分の夢や希望に少しずつ近づいています。

自分の大切なことを決める時、自分の希望や夢を目標としていつも確認しながら、そこへ少しでも近づけるように小さなステップ（小さな目標や身近な目標）を作ることを、相談する人と一緒に考えてみてください。大きな目標（夢や希望）に向かって本気で取り組めることは、人生にとって大切であり楽しいことです。

■ 第4章 ■ 人生の中で重大なことの意思決定

事例2 ヒトミさん：親元を離れてグループホームの利用

（1）プロフィール

ヒトミさん（女性24歳）は、文房具を取り扱う会社に入って4年、入力事務を担当しています。家族は両親と姉がいて、とても仲の良い家族です。性格はのんびりしていて、いつも母親や姉から家事の手伝いが遅いと注意されていますが、本人はあまり気にしていません。

給与は手取りで11万円、家族に生活費として毎月4万円を渡しています。現在貯金が40万円になりました。趣味は友人との映画鑑賞と市民体育館での卓球クラブで、充実した生活を楽しんでいます。

（2）背景

両親との約束で、会社への通勤や仕事に慣れて落ち着いたら、グループホームの利用を考えることになっていました。ヒトミさんは、「家族と一緒に住み続けたい」と希望していましたが、両親は「自立のために、ぜひグループホームを経験してほしい」という希望をもっていました。

会社勤めも4年目になり、ヒトミさんはグループホームの利用を具体的に検討する気持ちになってきました。雇用主である会社側は、グループホームの利用による生活環境の変化に対して、グループホームがどこまで支援してくれるのかを心配していました。

（3）当初の気持ちや希望　備

グループホームの利用希望が出されたので、福祉事務所職員から「グループホームの利用

に関する『意思決定会議』の前に、両親と相談して自分の気持ちを整理しておいてほしい」と依頼され、次のようにまとめました【「意思決定会議」支援シート🅰 （65 ページ）】。

❶ 自分としては、家族と一緒に暮らしたい気持ちが強い。
❷ しかし、自分が将来、大人として自立した生活をするためには、家族から離れて生活する経験が必要だとも思っている。
❸ 先日見学したグループホームは、とても明るい雰囲気で、部屋も広くてきれいだった。
❹ 会社の仕事にも慣れてきたので、両親の勧めるグループホームで、大人としての生活を経験したいと思っている。
❺ 心配なこと：
  ● グループホームで一緒に生活する人たちと、仲良くすることができるか心配。
  ● 掃除、洗濯などが一人でうまくできるかまだ自信がない。

（4）意思決定会議（意思決定の場）

日　時：10月2日（金）　午前10時～10時50分
場　所：福祉事務所の会議室
参加者：本人、両親、福祉事務所職員、グループホームの職員
　　　　会議への要望の確認は【「意思決定会議」支援シート🅱 （66 ページ）】にまとめた。

▼司会者が会議の目的を確認　始

今日の会議の目的：
● ヒトミさんの将来の目標と、「グループホームを利用したい」という希望を確認すること。
● ヒトミさんから、「グループホームでの生活についてわからないこと」を質問すること。

▼ヒトミさんの今の気持ちを発表　始

　両親と一緒にまとめた自分の今の気持ちなどを、会議の参加者に配った後、ヒトミさん自身で発表しました。

● 「意思決定会議」支援シート**A**　　＜自分の今の気持ちの確認＞

（自分で決める会議）　　　　　　　　　　名前 _____

平成○○年10月2日（金）　　　　午前10：00　～　午前10：50
福祉事務所　　　　　　　　　　で開かれる会議で発表する

会議で決めること	これから自分が住む場所を決める 「今まで通り自宅で家族と暮らす」か「グループホームで生活する」か
自分の今の気持ち 自分の将来の夢・将来の目標	1）今まで通り、家族と一緒の暮らしを続けたいです。自宅から会社に通いたいです。 2）将来、ひとり暮らしをすることが目標です。そのためには、家族から離れて暮らす経験が大切だと思います。でも、今すぐ家族から離れるのは不安です。 3）両親が勧めるグループホームでの生活もしてみたいです。新しい友達と会えることも楽しみです。 ＊上に書いた3つの気持ちが、全部自分の頭の中にあって、迷っています。

自分が不安なこと・よくわからないこと・考えていること・・・何でも書いてください

1）グループホームで一緒に生活する人たちと、仲良くすることができるかとても不安です。

2）グループホームで、自分でやらなくてはならない部屋の掃除や洗濯などが、うまくできるか自信がありません。

＊周りの人の意見・自分とは違う意見について		
だれが？	自分とは違う意見	ほかの人の意見に対して、思っていること・感じていること
自分の両親	○ 将来のひとり暮らしのために、グループホームでの生活を始めるのは、「今でしょ！」と言われる。 ○「会社の仕事にも慣れて、余裕が出てきた。今度はグループホームに挑戦してほしい。前から約束していたでしょ！」と言われる。	○「今すぐ」と言われると焦ってしまう。不安になる。 ○ 会社でもまだとても緊張しているし、余裕なんてない！

このシートの作成を手伝ってくれた人	両親

＊空欄ができても、そのままで大丈夫です。

● 「意思決定会議」支援シート**B** ＜会議への要望の確認＞

（自分で決める会議）

会議の名前	ヒトミ　　　　さんが （　自宅で生活を続けるか、グループホームで生活するか　）を決める会議		
会議の日時	平成○○年10月2日（金）　　　　午前10：00　〜　午前10：50		
会議の場所	福祉事務所		
会議で相談したいこと、決めたいこと	ヒトミさんの「これから生活する場所」について相談します。 生活する場所として3つを比べて、どれが一番ヒトミさんに良いか考えます。 ① 家族と今まで通り一緒に生活する　② グループホームで生活する ③ 将来は、ひとり暮らしをする		
会議を開く理由	ヒトミさんと家族で話し合ってきましたが、自宅に住み続けるのか、グループホームで生活するか、会議を開いてみんなで考えることを希望しています。		
決めることに期限がありますか？	・ない ⊘ある　　　（11月10日（火）までに決める必要がある） 今回のグループホームの申し込み期限。ただし、申し込みチャンスはこれからもある。		
会議の参加を予定している人の名前・所属	氏　名（フリガナ）		所　属（フリガナ）
	ヒトミ		本人（最後に決める人）
	S さん		○○福祉事務所の職員
	W さん		▽▽▽グループホームの職員
	父親・母親		ヒトミさんの両親（会議の発案者）
会議への参加を希望する人	両親　…　いつも自分のことを心配してくれる人たちだから		
会議へ参加してほしくない人	姉　…　いつも大きな声で話して、私の話を聞いてくれないから		
会議で配慮してほしいこと	話し合いの速さ	・普通　⊘ゆっくり　・とてもゆっくり	
	漢字や難しい言葉	⊘フリガナをふってほしい ⊘難しい言葉はやさしい言葉で言い直してほしい	
	会議中の板書 会議の記録	⊘会議で話し合われることを、わかりやすくホワイトボード等にまとめながら進めてほしい ⊘会議で話し合われたことを、わかりやすく記録して自分にも渡してほしい	
	話し合いの内容をほかの人に秘密にしてほしい	家族以外の人に、会議の内容は話さないことをヒトミさんは希望しています。	
	会議の長さ等	・（30）分くらいしたらトイレ休憩がほしい ＊緊張しすぎたり、気分が悪くなったら、いつでも休憩できます	
	飲み物の持ち込み等	＊自分の好きな飲み物をそれぞれがご用意ください	
	その他（騒音・話し合いの妨げになる、気になること等）	ヒトミさんは、周囲の人に話し合いの内容が聞こえないような場所で、会議することを希望しています。	

■ **第4章** ■ 　人生の中で重大なことの意思決定

▼参加者と意見交換しながら選択肢の幅を拡げる 　拡 比

❶ グループホームの職員からの質問　その1

「"グループホームを利用したい"という気持ちと、"今まで通り、自分の家で家族と暮らしたい"という気持ちが両方あるようですが、二つの気持ちを比べてみましたか？」

＜ヒトミさんの回答＞

家族で話し合った時に作った、自分の暮らす場所を選ぶ時の＜良い点・悪い点の比較表＞を会議の出席者に配り、自分で説明しました。その後、参加者から意見や情報が提供されて表に書き加えられました（赤字部分）。

意思決定支援シート ❶ ＜良い点・悪い点の比較表＞　赤字：会議で情報提供されたこと

比較ポイント ／ 選択できること	自宅で両親と暮らす	グループホームで暮らす	アパートで一人で暮らす
● 良いところ ● 魅力のあること	1．今までと変わらない暮らし（にぎやかで安心な暮らし）ができる。 2．掃除や洗濯、料理は母親にしてもらえるから楽でよい。 **3．お金がたくさん貯金できる。**	1．仲間との暮らしはにぎやかで楽しい。 2．ひとり暮らしより家賃・食費等の生活に必要な費用が安い。 **3．世話人さんが、掃除や洗濯の仕方を教えてくれて、できないことは練習できる。**	1．誰からも注意されない自由な暮らしができる。 2．あこがれていたひとり暮らし。大人として当たり前の生活ができる。 3．友達や恋人を自由に部屋に招くことができる。
● 悪いところ ● 問題になること	1．いつまでも、親から自立した生活ができない。 2．掃除や洗濯等を自分でする力が身に付かない。 **3．親が病気になったり、亡くなった時など、将来の一人での生活を考えると、その準備ができない。**	1．集団生活のルールがある。守らないと世話人さんや仲間から注意を受ける。 2．掃除や洗濯は自分でしなければならない。 **3．一緒に暮らす仲間や世話人さんとうまく付き合わないと、生活が辛くなる。**	1．ひとり暮らしは、掃除や洗濯、食事作りが大変。 2．家賃や光熱水費、食費等の費用が高い。 **3．女性のひとり暮らしに伴う危険がある。**

67

＜良い点・悪い点の比較表＞

比較ポイント＼選択できること	自宅で両親と暮らす	グループホームで暮らす	アパートで一人で暮らす
● お金がかからない	○	△	×
● 自立する力が育つ	×	○	○
● 寂しくないか	○	○	×
● 危険ではないか	○	○	×
● 暮らしの自由さは？	△	△	○
● 将来を考えると？	×	○	○

❷ グループホームの職員からの質問　その2

「あなたは将来、ひとり暮らしをしながら会社に通勤することを目標にしているのですか？」

＜ヒトミさんの回答＞

　自分としては将来、ひとり暮らしをしながら会社に通勤することを目標にしています。そのために、まずグループホームで生活して、ひとり暮らしのための力をつけたいと思っています。

　また将来、両親が年をとった時には、両親の面倒を見るために、自宅に戻ろうと考えています。

❸ ヒトミさんの不安・疑問について

【不安1】　グループホームのほかの利用者と仲良くすることができるか心配です。

＜会議参加者の意見＞

　グループホームでは、朝食と夕食は原則みんなで食べることになっています。また、休日に掃除や洗濯を行う時の順番、入浴の順番等は、当番表に書かれていたり、その都度話し合うなどして、みんなが譲り合って生活しています。

■第4章■ 人生の中で重大なことの意思決定

　もし、グループホームのほかの利用者と仲良くできない時や、トラブルが起こった時は、グループホームの世話人さんや福祉事務所、相談支援事業所に相談できます。

【不安2】 掃除や洗濯がきちんとできるか心配です。

<会議参加者からの意見>

　掃除は、風呂、トイレ、廊下等、みんなで使う場所を当番制で掃除します。最初は、掃除の仕方を世話人さんが教えてくれます。まずは自分の部屋を、休日に掃除する習慣を付けるようにするとよいでしょう。

　洗濯は、毎週決まった日に洗濯機を回します。洗濯機の使い方も、最初に世話人さんが教えてくれますし、先輩も教えてくれるので大丈夫です。

（5）ヒトミさんの意思決定　決

❶ しばらくは自宅で暮らしても良いと思っていたが、自分の将来のことを考えてグループホームを利用してみる。

❷ グループホームを利用するまでの間、自分の部屋の掃除と洗濯は自分でできるように練習する。

❸ 会社の上司にも、グループホームの申し込みをしたことを自分で報告する。

❹ グループホームを利用してから3ヶ月後に、今回と同じメンバーで会議を開く。また、それ以前でも大きなトラブル等があった時には、いつでも会議が開ける。

　上記について、ヒトミさんは会議記録【「意思決定会議」支援シート❸（71ページ）】を見ながら改めて確認しました。

（6）その後の経過 確

- グループホームを利用して3ヶ月が経ちました。グループホームでみんな揃っての夕食や、時々みんなで行くカラオケがとても楽しみになっています。
- 会社への通勤で、遅刻は一度もありません。掃除や洗濯も職員や先輩に教わりながら、かなりできるようになってきました。
- 自宅には毎月2回くらい帰っています。
- 会社の給料から毎月2万円ずつ貯金を始めました。
- 会社の上司も、仕事への影響を心配していましたが、今は安心しています。

仕事も
人間関係も良好！

・・・・・・・・・グループホームでのお金の管理は？・・・・・・・・・

　家族の元を離れてグループホームでの生活を始めることは、本人の自立に向けた大きな一歩です。ただし、グループホームでの生活は、自宅での生活と違って、日常的に様々なお金がかかります。そのため、グループホームの世話人さんにお願いをして、お金の管理を手伝ってもらうこともできます。

　ヒトミさんは、グループホームで日常使うお金のために、近くの銀行で新しい銀行口座を作り、自分の貯金から10万円を入れておきました。日常的に使うお金はこの銀行から自分で下ろして使っていますが、お金の管理に慣れるまで、通帳とカードは世話人さんに管理してもらっています。

　また、会社の給料が振り込まれる通帳の方は両親に預かってもらい、将来的には、会社の給料だけでグループホームでの生活ができるようにしていきたいと思っています。

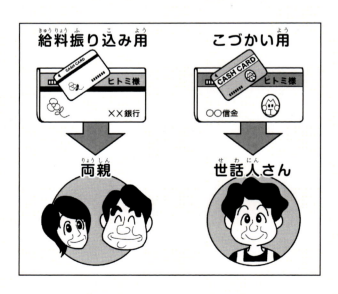

■ **第4章** ■ 人生の中で重大なことの意思決定

● 「意思決定会議」支援シート**C** ＜会議記録（本人用）＞

（自分で決める会議）

会議の名前	<u>ヒトミ</u> さんが （ 自宅で生活を続けるか、グループホームで生活するか ） を決める会議
会議の日時	平成○○年10月2日（金）　　　午前10：00 ～ 午前10：50
会議の場所	福祉事務所
会議で相談したこと	自宅で家族と暮らすか、グループホームで生活するか、どちらが良いか。
自分の将来の夢・将来の目標	ヒトミさんは「将来、ひとり暮らしをして、そこから会社へ通う」という目標を持っています。

会議に参加した人の名前・所属	氏　名 (フリガナ)	所　属 (フリガナ)
	ヒトミ	本人（最後に決める人）
	S さん	○○福祉事務所の職員
	W さん	▽▽▽グループホームの職員
	父親・母親	ヒトミさんの両親（会議の発案者）

会議で話し合われたポイント	① ヒトミさんが、自分の今の気持ちを発表しました。 ② 家族と暮らす、グループホームで暮らす、ひとり暮らしの3つを比べました。 ③ グループホームの暮らしについて心配なことを、その職員のWさんに聞きました。
話し合いの内容	＜比べたこと＞ ○ 家族と暮らし続ける 　・良い点…安心で、家事等をお母さんに手伝ってもらえる。 　・悪い点…いつまでも自立できない。生活の力が付かない。 ○ グループホームで暮らす 　・良い点…にぎやかで、新たな出会いもある。 　・悪い点…集団生活で暮らすルールがある。掃除や洗濯を自分でしなければ 　　　　　　ならない。 ○ ひとり暮らし 　・良い点…自由な生活ができる。大人として当たり前の暮らしができる。 　・悪い点…女性のひとり暮らしは危険もある。家賃や生活費が高い。

71

話し合いの内容	**＜不安だったこと＞** ○ グループホームの人たちと仲良くできるか心配 ⇒みんなで暮らすルールがあるので、それを守っていれば大丈夫。 　もし、トラブルが起きても、世話人さんや福祉事務所などに相談できる。 ○ 掃除や洗濯を自分一人できちんとできるか心配 ⇒掃除や洗濯のやり方は、世話人さんができるようになるまで教えてくれる。 　洗濯する順番や掃除をする日などは、世話人さんと相談して決めます。
自分で決めたこと	① 自分の将来の目標のために、グループホームで生活することを決めた。グループホームの利用を希望する申込書を提出する。 ② グループホームに入居するまでの間、自分の家で掃除や洗濯の練習をする。 ③ 会社の上司に、グループホームを利用する決心をしたことを報告する。 ④ グループホームでの生活を始めたら、その３ヶ月後に同じメンバーで再び会議を開く。
残された課題	グループホームに住民票を移すか、自宅のままとするかについては結論が出なかった。家族で話し合った結果を後でグループホームに知らせる。
困ったことが起きた場合の相談先	困ったことが起きたら： グループホームで何か困ったことが起きたら、①世話人、②グループホームの先輩、③福祉事務所の職員、④相談支援事業所の職員、⑤両親、どの人でも良いので早めに相談をする。 福祉事務所（Sさん）　電話番号　○○○○ - ▽▽▽▽
次回の会議予定	日　時：グループホームで生活を始めてから３ヶ月くらい経ったころ 場　所：まだ決まっていない 会議を開く責任者：福祉事務所Sさん　電話番号　○○○○ - ▽▽▽▽

コラム❷　トラブル発生は、自分が悪いから？

■ トラブル発生！

　トラブルが起きた時、「原因は自分にあるのでは？」「自分が悪いから？」とつい考えてしまうことがあります。また、「あなたが悪いのよ。あなたが周りの人の注意を聞かないからこんなことになったのよ！」などと怒られそうで、身近な人には相談できないと考えてしまう人もいるでしょう。例えば次のようなことは、相談が多いトラブルです。

❶ 「友達とのお金の貸し借りはしないように」と言われていたのに、つい頼まれて貸してしまったら、お金を返してもらえない。

❷ 「大きな金額の買い物は、相談してから」と言われていたのに、とても素敵な絵だと思って30万円の絵の購入契約をしてしまった。翌日、失敗したと思って解約しようとしても、「解約できません」と言われた。

❸ 普段はやさしく仕事を教えてくれる先輩が、時々私の体を触ることがある。「嫌です、やめてください」とはっきり言うことができないで悩んでいる。

■ 隠しておくより、早く相談して解決

　これらのトラブルは、自分だけの力ではなかなか解決できません。でも、将来を考えた時、あなたなら次のどちらを選びますか？

A：トラブルを周囲に隠して自分だけで悩みながら、毎日の生活も暗く重苦しいものになっていく。

B：多少強く注意されることがあっても、早めに信頼できる人に相談して、一緒にトラブルの解決を図る。そして、できるだけ早く元の生活や仕事に戻る。

事例3 ミチコさん：糖尿病の悪化とその対応の検討

（1）プロフィール

　ミチコさん（女性48歳）はアパレル系の企業に就労して18年になります。10年前にグループホームを出て、お金の管理等について「日常生活自立支援事業」の支援を受けながら、ひとり暮らしをしています。両親と姉がいて、母親は長年重い糖尿病を患っています。

　ミチコさん自身は、仕事も生活も順調で安定した生活を送り、貯金は200万円になりました。楽しみはケーキ食べ放題のお店に行くことで、月に3回くらい友人と楽しんでいます。しかし、会社の健康診断で糖尿病の悪化が指摘され、会社からは、病院への通院や食事の管理などについて検討するように言われています。

（2）背景

● 半年ほど前から月1回の通院と服薬で糖尿病の治療を始めました。会社の健康診断によると、ひとり暮らしを始めて10年間で体重が10キロ以上も増えています。特に最近の体重増加は顕著で、糖尿病に関する数値も悪くなってきています。

● このまま糖尿病への対応が不十分だと、健康状態の悪化が心配されます。会社からは、今後の治療方針や対策について、主治医と相談して決めてほしいと言われています。

● 会社の仕事を続けるためには、自分の健康を自分で管理することが大切です。自分の健康を自分で管理できない人は、社会人として信用できませんし、実際に働き続けることも困難になってしまいます。

　ミチコさんは、日常生活自立支援事業の担当者の勧めから、主治医の病院で「意思決定会議」を開くことになりました。そこで、自分の気持ちをまとめてみることにしました。

（3）当初の気持ちや希望　備

❶ 自分の体重はずいぶん増えていて、太っているという自覚もしています。最近は、階段を上ると息切れするようになってきました。また、母親の糖尿病のことは知っているので、自分でも心配になってきています。

74

■ 第4章 ■ 人生の中で重大なことの意思決定

❷ 自分は一生懸命まじめに働いてお金を稼いでいます。自分の一番の楽しみは、友人と一緒に美味しいものを食べながらおしゃべりすることです。ケーキの食べ放題に行けないくらいなら、死んだ方がましだと思っています。

（4）意思決定会議（意思決定の場）

日時：12月7日（月）午後4時〜4時50分
会場：病院の会議室

▼会議の出席者に関する本人の要望　備

会議への出席を予定していた人：主治医、地区の担当保健師、会社の上司
会議に参加してほしい人：特にいない
会議に参加してほしくない人：自分の両親・姉・会社の上司
当日の会議の参加者
　担当保健師、福祉事務所の職員、日常生活自立支援事業の担当者、本人、姉
＊本人が参加を嫌がっていた姉は、主治医からの要請で出席、本人の了解を得た。
＊会社の上司については、本人が参加を拒んだため、出席しないこととなった。

▼福祉事務所の職員が司会となって、会議の目的をボードに書いて説明　始

会議の目的：
● ミチコさんの健康を取り戻して、現在の会社での勤務が続けられるようにするために、どうしたらよいかを話し合う。
● 話し合いの最後に、ミチコさんが今後どのような生活をするのか自分で決める。

▼本人の今の気持ちを発表 　始

　日常生活自立支援事業の担当者に手伝ってもらって書いた【「意思決定会議」支援シートⒶ】を、会議の出席者に配り自分で説明した。

▼医師から病状の説明と、糖尿病がさらに悪化した場合の危険性について 　拡
　専門家の立場から情報提供

● 体重の増加が止まらない。ここ2年間で5キロ増加した。
● 糖尿病に関する数値も悪い。病気が悪い方に少しずつ進んでいるのが現状である。
● このままだと健康状態がますます悪くなる（次ページの意思決定支援シート❷＜現在から将来への変動予想表＞の専門家の意見欄にも記入されている）。
● 糖尿病が悪化した場合の症例（人工透析、失明、下肢の切断等）についても説明があった。
● しばらくの間、通院を月2回に増やすことが提案された。

▼選択の種類を拡げる 　拡

　保健師、姉、会社側から、情報提供や意見の発表が行われた。
保健師：糖尿病を悪化させない食事の例をカラー冊子で情報提供した。そのほか、運動の勧めと体重の記録を取ることを提案。
姉：母親が重度の糖尿病で、現在、網膜症や手足のしびれ等に苦しんでいることを話す。
会社：上司の参加を本人が拒んだため、会社の上司の意見を司会者が発表した。病院への通院や食事の管理などについて検討し、健康状態を保ってほしい。

▼選択肢の絞り込み

　福祉事務所の職員が、ミチコさんの選択によって将来がどう変わるかについて、意思決定支援シート❷＜現在から将来への変動予想表＞にまとめてくれました。この表を参考にしながら、ミチコさんの健康に配慮した選択肢を提案しました。

■ 第4章 ■ 人生の中で重大なことの意思決定

意思決定支援シート❷ ＜現在から将来への変動予想表＞

テーマ：糖尿病の悪化と食事の管理の支援

選択できること ＼ 将来の予想	現在	1年後	10年後
今までと同じように、好きなだけ甘い物を食べる。好きな食事をする。	○ 好きな物を好きなだけ食べると、楽しくて元気が出る。	● 体重が増えて、高血圧になったり、体調も悪くなる。	● 人工透析を週2～3回しなければならなくなる。 ● 目が見えなくなる。 ● 足先が黒くなり切断する場合もある。 ● 病院通いでとてもお金がかかる。
医師に言われた通り、食事やおやつの食べ方を守る。運動をする。	○ 好きな物を食べることを我慢すると、とても辛くなる。 ○ 保健師や栄養士のお勧めメニューは、嫌いな物があったり、量が少なめで満足できない。	● お勧めの食事習慣に慣れて、好きな物を少ししか食べられない辛さは、軽くなる。 ● 体調がとても良くなり、健康になる。	● 体が丈夫になって、成人病を予防できる。 ● 病院に通うこともなくなり、元気に働けて健康で長生きできる。
専門家の意見＜医師＞	○ 現在は、軽い糖尿病である。 ○ お母さんは重い糖尿病になっている。 ○ 今から正しい生活や食事の習慣を身に付けて、体重を少しずつ減らす必要がある。 ○ 今後、通院を月2回に増やす。	● 好きなだけ甘い物を食べ続けると、目や指先、腎臓等の細い血管が、つまったり破れやすくなり、視力が落ちたり、手足のしびれや痛みが起きてくる。	● 好きなだけ甘い物を食べ続けると、目が見えなくなり、指先、足先等が黒くなり切断する場合もある。 ● 薬を毎日注射することが必要になり、人工透析も週に2～3回必要になる。

選択肢1： ● 保健師の勧める食事メニューをなるべく食べる努力をする。

　　　　 ● ケーキの食べ放題は回数を減らして続ける。

選択肢2： ● 保健師の勧める食事メニューをなるべく食べる。

77

● 体重の増減を記録して、月2回の受診時に主治医へ報告する。

● ケーキの食べ放題は回数を減らして続ける。

選択肢3：● 保健師の勧める食事メニューをなるべく食べる。

● 体重の増減を記録して、月2回の受診時に主治医へ報告する。

● 保健師が勧めるヨガ教室に週1回通う。

● ケーキの食べ放題は回数を減らして続ける。

（5）ミチコさんの意思決定　決

❶ 保健師の勧める食事をなるべく食べるようにする。

❷ 友人との外食（ケーキの食べ放題）の回数を月1回程度にする。

❸ 体重を毎日寝る前に量って記録する。

⇒ 保健師が月1回の訪問でグラフ化を手伝ってくれる。

⇒ 月2回の通院で、主治医にグラフを見せて報告する。

❹ 友人と近くの公民館のヨガ教室に参加してみる。

❺ 会社での昼食は、会社の栄養士が勧めるものにする。

❻ 3ヶ月後に体重の増加が止まらなければ、もう一度病院で会議を開く。

（6）その後の経過　確

● 体重は記録をしてグラフ化していますが、増減はありません。

● ヨガ教室には週1回続けて通っています。

● 週3回、社員食堂で食べるメニューを会社の栄養士と話し合って決めています。

● 病院へは月2回、きちんと通っています。糖尿病の数値も安定していて、悪化はしていません。

● 友人との外食（ケーキの食べ放題）は、月2回程度と少しだけ減りました。

コラム❸　困りごとの解決で大切なこと

■ その1

　困りごとの解決で一番大切なことは、「あなたが当たり前に持っている、あなたの権利や財産が、きちんと守られているかどうか」ということです。あなたが、信頼できる人と一緒に警察や弁護士のところへ相談に行っていれば心配ありません。

　また、信頼できる人（できれば二人以上）に相談して、複数の人で話し合いの場をもつのも良いでしょう。

■ その2

　困りごとの解決でもう1つ大切なことは、「相談をして問題を解決した後に、あなた自身が納得できたか」「あなたは相談した後に、元気が出てきたか」ということです。

　もし、困りごとが解決した後に、あなたがまだ「納得できない」「なんだか元気が出ない」と思うのであれば、まだ問題は解決していません。信頼できる人に、もう一度、「自分が納得できないこと」「元気が出ないこと」を相談してください。

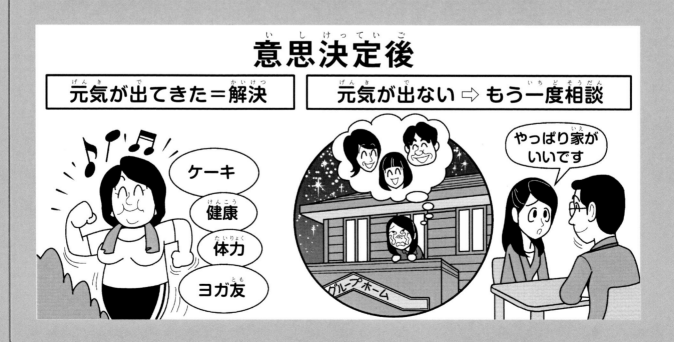

事例4 ケンジさん：今の仕事を辞めて転職する決断

（1）プロフィール

　ケンジさん（男性）は現在23歳。特別支援学校在学中に療育手帳（B2）を取得し、高等部卒業と同時にA老人保健施設に就職しました。また、両親が早く亡くなっていたので、卒業後すぐにBグループホームに入居しました。親の経済的援助がないケンジさんは、自分の生活に必要なお金を自分で稼ぐ必要があったため、仕事に就くことを急ぎ、現在の仕事とほかの職業をあまり比較検討することなく、最初の実習先で清掃員としての採用を申し出てくれた現在のA老人保健施設に就職したという経緯がありました。

　ケンジさんは約4年間、一度も休むことなく一生懸命働いてきました。そして、グループホームの先輩がひとり暮らしを始めたのを見て、ケンジさんも「ひとり暮らしをして独立すること」を考え始めました。そこで、グループホームの職員に相談をしましたが、「貯金も少なく、現在の収入（給与手取り約8万円と障害基礎年金6万5000円）では、アパートを借りてひとり暮らしをすることは経済的に無理ではないか」と言われて悩んでいます。

（2）1回目の意思決定会議（意思決定の場）

　グループホームの職員と、就業・生活支援センターの職員の二人に相談をして、職場の上司にも参加をお願いし、1回目の「意思決定会議」を開きました。

　ケンジさんの気持ちと要望は、

❶ 現在の職場で今後も働き続けたい。
❷ もっと長い時間働きたい。
❸ 厚生年金と健康保険に入りたい。
❹ 時給を上げてほしい。

あこがれのひとり暮らし

というものでした。
　会社としては、本人の仕事ぶりは評価しているものの、❷と❸の2つについては、「入社した時の条件（パート採用）の契約通

■ **第4章** ■　人生の中で重大なことの意思決定

りで変えられない」、❹については、「今までも最低賃金の引き上げに合わせて時給を上げており、これ以上は難しい」とのことで、いずれも本人の要望が通らない回答でした。支援者側は、本人の将来のひとり暮らしの希望を説明し、少なくとも❷、合わせて❸も実現してほしいと伝えました。しかし、職場の経営会議で検討してはもらえたものの、結果的に要望は実現しませんでした。

（3）2回目の意思決定会議のための準備　備

　職場の上司との話し合いで、会社側がケンジさんの要望には応えられないことを、はっきりと回答してきたので、改めて「意思決定会議」を計画しました。2回目の会議のためにケンジさんは、【「意思決定会議」支援シートＡ＜自分の今の気持ちの確認＞】を使って、グループホームの職員と一緒に、もう一度自分の希望を整理し直してみました。その結果、最初の目標である「ひとり暮らしをする」前に、もう1つ「長く働き続けることができる会社に転職する」という目標を置くことにしました。

（4）2回目の意思決定会議　始　拡　比

1）現在の仕事を検討し整理する

　2回目の会議の議題は、「今の職場からの転職を検討する」としました。転職について検討するため、前回の会議メンバーから職場の上司を外しました。

　会議ではまず、転職を考える前に、現在の職場の良いところ・悪いところの比較をしてみました。

■ 現在の職場の条件（雇用契約の内容）

① 雇用形態　　：パート社員、契約期間は1年
② 給与　　　　：時給780円（その地域の最低賃金）
③ 労働時間　　：週5日勤務・午前9時から午後3時まで1日5時間労働。残業はない。
④ 仕事の内容　：自分の力で十分できている。今の仕事で重すぎる負担はない。
⑤ 社会保険　　：雇用保険のみ。厚生年金や健康保険はない。
⑥ 職場の雰囲気：三人のパートでチームを組んでいる。時々人が入れ替わるので、今は自分が一番先輩。
⑦ 休憩場所等　：休憩場所がある。施設の職員も明るく受け入れてくれている。

⑧ 昇進　　　：パート就労なので、昇進も昇給もない。
⑨ 異動等　　：希望してもほかの業務に異動できない。

＜現在の職場の良いところ＞
・「④ 仕事の内容」は、自分に合っている。特に疲れる仕事でもない。
・「⑥ 職場の雰囲気」はとても良い。掃除をしている施設の職員とも良好な関係で働けている。
・「⑦ 休憩場所」は、清潔でリラックスできる。

＜現在の職場の悪いところ＞
・「① 雇用形態」は、パート採用なので１年後に仕事を打ち切られる可能性もあり不安定。
・「⑤ 社会保険」は、厚生年金や健康保険への加入ができない。
・「② 給与」は、最低賃金で、働く時間も１日５時間と短く、これ以上手取りは上がらない。ひとり暮らしをするためには少ない。
・「⑧ 昇進」や「⑨ 異動等」がない。

２）自分の希望する仕事を考える

転職する職業を検討するために、①自分の希望する仕事の条件、②自分の得意なこと、③自分の苦手なことの３つを、会議場面で一緒に整理しました。

① 自分の希望する仕事の条件
・給料の金額：月14万円以上
・雇用の形態：正社員（厚生年金・健康保険に加入できること）
・仕事の時間：１日８時間。残業もできる。
・休日：週休２日制。休日が土曜と日曜に決まっていなくても大丈夫。
・仕事の内容：自分は体を動かすことが得意で、体力には自信があり重い物も運べる。毎日働けてお金が稼げれば、どんな仕事でも一生懸命やりたい。

② 自分の得意なこと
・毎日、同じ清掃の仕事をしていても、飽

■ 第4章 ■ 人生の中で重大なことの意思決定

きずに一生懸命仕事ができる。

・仕事を休まない。4年間一度も仕事を休まなかった。

・健康で、大きな病気をしたことがない。市のスポーツジムにも通って身体を鍛えている。

・職場の人、仕事場で出会う人、誰とでも笑顔で挨拶ができるし、人と話をすることも好き。

③ 自分の苦手なこと

・パソコンの入力は、簡単なことならできるが、時間もかかるし自信がない。

・言葉で指示されてもすぐに実行できない。できればゆっくり時間をかけて教えてほしいし、メモ等でわかりやすく書かれたものを手渡してほしい。

・大きな声で注意されるととてもビックリするし、その後も気になって集中できない。

・困ったことが起きた時、周りの人に自分から相談することがなかなかできない。普段と様子が違っていたら「何かあったの？」などと声かけをしてほしい。

　ケンジさんは「ひとり暮らしをする」という目標と、「長く働き続けることができる会社に転職する」という2つの目標を持っていました。会議の中で、この2つの目標を同時に実行することは難しいのではないか、という意見が出ました。相談の結果、まず、「長く働き続けることができる会社に転職する」ことを目標とし、うまくいくまで現在のグループホームでの生活を続けることに決めました。

（5）ケンジさんの意思決定　決

❶ 今後も長く働き続けることができる会社に転職する（現在の清掃員の仕事を続けながら次の仕事を探す）。

❷ 現在の職場の理解を得て計画的に休みをもらい、転職先の面接を受けたり実習をしてみる。

❸ グループホームから独立してひとり暮らしを始めるという目標は、転職して新しい仕事に慣れた後で、もう一度「意思決定会議」を開いて決める。

83

（6）その後の経過 確

　ケンジさんと就業・生活支援センターの職員が現在の職場の上司のところへ相談に行き、ケンジさんの将来の目標「ひとり暮らしをすること」と、そのために「給料等条件の良い職業へ転職したい」という希望を伝えました。その結果、現在の仕事は3ヶ月後に退職することが決まりました。退職までの間は、前もって上司に相談することを条件に、ハローワークでの相談、新しい会社の面接・実習等のために仕事を休むことも許可してくれました。
　こうしてケンジさんは、現在の仕事を続けながら転職先を探し、2ヶ月後には無事に新しい会社に就職することができました。

・・・・・・・・・・・・・・・・・・・ **転職・退職について** ・・・・・・・・・・・・・・・・・・・

　この事例のように、一生懸命働くことができている職場でも、様々な事情で転職を考える場合があります。例えば、会社の業績が悪くなった時には、働く時間や日数が減らされたり、場合によっては「会社を辞めてほしい」と求められることもあります。また、

- 会社の上司や先輩から注意を受けることが多くて落ち込んでしまった。
- 年を取ることで体力が落ち、若い時のように働けなくなった。
- 残業手当が出ないのに残業を命令された。

など、職場での悩みや心配はいろいろ出てきます。そんな悩みや心配から、「今の会社を辞めようかな」と考えることは誰にでもあることです。
　そんな時は一人で悩まずに、まずは支援機関に相談することが大切です。支援機関の人にお願いして、一緒に会社側と交渉することもできます。それでも良い方向に変わらない場合、転職や退職を検討することも、あなたが元気に暮らしていくための1つの選択肢となります。

コラム❹　障害者雇用枠での就職

　障害者手帳を取得し、障害者雇用枠で就職することのメリットについて考えてみたいと思います。もちろん、就職する本人の考え方、就職先の職種、待遇など様々な点で良い部分・悪い部分があるので、障害者雇用枠での就職が良いか・悪いかを一概に述べることはできません。しかし、障害特性に応じた個別の配慮や支援が受けやすいという点では、障害をオープンにして働く方が有利だと思います。

　特に発達障害の人の場合、自分がしたいと思っている仕事が実は不得手な分野だったり、逆に苦手だと考えていたことが、やってみたら得意な分野だったりと、自分の考えと職業適性が一致していないことが少なくありません。専門家の助言により職業適性検査を受けたり、インターンシップで実際の職場を一定期間体験してみることで、より適した仕事の選択肢が広がることもあります。

　障害者雇用枠での就職を目指す場合、ハローワークや障害者就業・生活支援センターなどの支援機関からアドバイスや支援を受けながら体験実習に参加したり、仕事のマッチングなどをしていきます。その上で、就職後、職場にうまく定着できるようにフォローしてくれる支援先についても考えておきましょう。
　また、最近では発達障害の人の雇用を進めている特例子会社などもあり、職場によっては障害特性に配慮された仕事環境が望める場合もあります。

事例5 ヨウコさん：相続財産の管理と成年後見制度の検討

（1）プロフィール

　ヨウコさん（女性）は現在32歳。障害者手帳を所持し障害年金を受け取っています。父親が3年前に亡くなり、今は自宅で母親と同居しています。
　特別支援学校高等部を卒業後は、就職しても長続きせず、働いている期間より求職期間の方が長いという状態です。人と話をするのは得意ですが、仕事に慣れるまで時間がかかることから、職場では「口ばかり動く人だ」と誤解されることも多かったようです。それがトラブルの引き金となり、職場を何度も変わることになっていました。

（2）1回目の意思決定会議とその後の経過

　父親が亡くなり、その財産を母親とヨウコさんが相続しました。もともと、給料をもらったらすぐに使ってしまうような性格だったので、相続した1000万円の半分近くは、高額な売買サイトで好きなアイドルのコンサートチケットを何回も買ったり、そのための交通費や飲食費、CDやグッズの購入などに使ってしまいました。手元にまとまったお金があるため、就職活動もしていません。また、好きな食べ物を好きなだけ食べ続けたことから、3年間で体重が10キロも増えてしまいました。
　年をとり病気がちの母親が、ヨウコさんにお金の使い方や食生活について注意しても、まったく言うことを聞きません。困った母親が市役所の障害福祉課に相談して、1回目の「意思決定会議」を開くことになりました。その結果、

❶ 社会福祉協議会の金銭管理サービス（日常生活自立支援事業）を利用し、毎月自由に使えるお金の金額を決めて使い過ぎを減らす。
❷ 就職をしてお金を稼ぎ、自分で自由に使えるお金を増やす。

■ 第４章 ■ 人生の中で重大なことの意思決定

ということをヨウコさんは決めました。

　ヨウコさんは、障害者就業・生活支援センターの支援を受けて、３ヶ月後には市内のスーパーに就職（パート）することができました。手取りの給料は月８万５千円でしたが、収入を得たことで気が大きくなり、さらに大きな浪費をするようになりました。社会福祉協議会からは、「金銭管理サービスの職員との約束を守らず、自分のカードでどんどんお金を下ろしてしまうので、ヨウコさんへのサービスを見直したい」との相談が寄せられました。

　母親からも「娘はお金がなくなると、私に小遣いをくれと付きまとってくる。断ると、怒ってティッシュの箱やスリッパを投げつけてきて困っている」という相談がありました。これらの相談を受けて、市の障害福祉課はヨウコさんの今後の生活について検討していくために、２回目の「意思決定会議」を開くことを提案しました。

（３）当初の気持ちや希望　備

❶ 働いて稼いだお金と父の財産を相続したお金は、自分の好きなように使いたい。

❷ 社会福祉協議会の人が金銭管理を手伝ってくれているが、本当はそんな助けはいらない。お金の計算や管理は自分でできる。

❸ 自分よりお母さんの方がたくさん貯金や年金があるのだから、自分がお金に困っている時はお金を貸してくれてもよいはずだ。

　２回目の「意思決定会議」に向けて、ヨウコさんは「自分の今の気持ち」をこのようにまとめました。その一方、この時点で母親は、持病の糖尿病が悪化し合併症で人工透析を受けているほか、見つかった癌の進行も深刻なものでした。そのため、ヨウコさんの将来を心配して、安心できるお金の管理が行われることを強く望んでいました。市の障害福祉課や社会福祉協議会は、「ヨウコさんがお金の管理をされることを嫌がっていること」、「小遣いが不足すると母親に暴力をふるうこと」等から、成年後見制度を利用して保佐人による支援が必要と判断していました。また、相談支援事業所の相談員も同様に考えていました。

（４）２回目の意思決定会議（意思決定の場）

参加者：本人、母親、市の障害福祉課（１名）、社会福祉協議会（２名）、相談支援事業所の相談員（２名）

87

会議の場所：社会福祉協議会の会議室

1）事前の準備　備

- ヨウコさんにわかりやすいように、毎月の収支をグラフにして赤字の程度と相続した財産の減り具合を示す資料を作成した。合わせて後見人制度の資料も作成した。
- 会議の場で母親が、自分の病状をヨウコさんに伝えることにした。長期の入院をする必要があることを知って、ヨウコさんがショックを受けることも考えたが、母親と一緒に暮らせる時間があまり長くないことを知ってもらうためにも伝えることにした。

ヨウコさんの毎月の収支の内訳

単位：万円

金額	1	2	3	4	5	6	7	8	9	10	11	12	13	14	15	16	17	18	19	20	21	22	23	24

毎月の赤字は 90,000 円、1 年間で約 100 万円になる

収入	障害年金（6.5 万円）	給料（8.5 万円）	赤字（9 万円）
支出	チケット代	交通・宿泊費	CDほかグッズ代	スマホ代	外食・買物代ほか

相続した財産（貯金）の減少

金額	100 万	200 万	300 万	400 万	500 万	600 万	700 万	800 万	900 万	1000 万
相続財産	3 年前　貯金残高 1000 万円									
	2 年前　貯金残高 800 万円									
	1 年前　貯金残高 600 万円									
	今年　貯金残高 400 万円									
		1 年後　貯金残高 300 万円								
		2 年後　貯金残高 200 万円								
	3 年後　貯金残高 100 万円									
相続財産ゼロ	今のままだと、働き続けていても 4 年後には「0 円」になる									

2）配慮したこと　備

- 本人と違う意見を持っている支援者が言い争うような雰囲気にならないように、丸テーブルの座席を用意して、ヨウコさんを支える相談支援事業所の相談員が隣の席に座る配置とした。
- 大切なことはホワイトボードに書いて、確認しながら進めていくことにした。
- 母親の病状についての話は、本人にとってショックが大きいと思われたので、会議の中

盤で話すことにした。

3) 会議の経過 拡 比

会議のテーマは、「お金の管理についての検討と成年後見制度の活用について」となりました。金銭管理の支援を行っている社会福祉協議会から、次のような意見が示されました。

<社会福祉協議会の意見>
- 現在は、通帳の預かりと出し入れの支援が中心なので、原則として本人の要望通りに対応しているが、これまでと同じような金銭管理サービスを続けていくと、近い将来貯金が底をついて、今の生活が続けられなくなる。
- 母親の病状から今後の入院治療費などを考えると、これまでより厳しいお金の管理が必要となる。
- 母親が入院した場合などを考えると、成年後見制度の利用を検討してほしい（成年後見制度について説明）。

<これに対する本人の意見・気持ち>
- 自分が働いて稼いだお金を自由に使えなくなるのは嫌だ。
- 今使っている金銭管理サービスも、勧められた成年後見制度の利用も両方とも嫌だ。

<会議の参加者たちからのいろいろな意見>
- 今のお金の使い方を続けると、あと数年で本人の財産はなくなる。
- 母親からは、現在の病気の状態や入院する必要性があることも話された。
- また、人工透析や入院には相応のお金が必要であり、母親の年金のみの収入では、さらに預金の取り崩しが必要になる。

ヨウコさんは、お母さんの話を聞いてショックを受け涙ぐんでいましたが、お母さんの病気の治療や今後のために、「お金は計画的に管理して使っていく必要があること」、「将来、自分が一人で生きていくための準備を始める必要があること」についての理解を深めました。

（5）ヨウコさんの意思決定　決

❶ お金がかかっても、母親には病院で治療を受けて、1日でも長生きしてほしい。
❷ これまで通り社会福祉協議会の金銭管理サービスを受け、お金の使い方については相談員や母親とも相談する。お金を使った際の記録を、支援を受けながら自分で作成するようにする。
❸ 母親が入院した場合、ひとり暮らしとなるが、自分は今の家に住み続けたい。
❹ 2ヶ月後に再び会議を開いて、お金の使い方の記録を見ながら、自分の収入と貯金の範囲で暮らしができたかどうかを確認する。

（6）その後の経過　確

- ヨウコさんは、お母さんの年金や貯金は、入院など病気の治療のために大切であることを理解することができました。また、相談支援事業所の相談員の支援を受けながら欲しいものに優先順位をつけるなどして、自分の収入と貯金の範囲で生活するように変わりました。
- 当初、母親はヨウコさんのことを心配して、在宅で治療したり療養することを考えていましたが、「意思決定会議」の後にヨウコさんと相談して、治療のために最寄りの大学病院へ入院することにしました。入院期間は長くなることが予想されたので、社会福祉協議会が母親の金銭管理も手伝うことになりました。
- ヨウコさんはひとり暮らしとなったため、ヘルパーによる掃除、洗濯、買い物等の在宅支援を受け始めました。社会福祉協議会による金銭管理サービスとヘルパーによる支援によって、ヨウコさんはひとり暮らしの生活と仕事を続けながら、母親のお見舞いにも定期的に行っています。
- 「もしもお母さんが死んでしまったら、その後どうしたらいいの？」というヨウコさんの不安は、少しずつ減ってきています。最近は、ひとり暮らしはちょっと寂しいので、将来的にはグループホームで生活することも考えています。

コラム❺　「賢明ではない判断」の保障

　相続の問題は、障害のある子どもがいる両親や兄弟姉妹、あるいは親族の方などにとって、いわゆる「親亡き後の問題」の1つです。あくまでもまれな例ですが、相続した多額の財産をギャンブルや好きな異性につぎ込んでしまったり、身内から搾取されてしまったりすることがあるのも事実です。このようなことを防ぐには、銀行等の財産信託サービスや成年後見制度を利用するのがよいでしょう。

　ただし、意思決定の問題として「賢明ではない判断」も視野に入れるべきと考えます。というのもこんな例もあったからです。

　ある40代の男性が、相続した財産を数年で女性に貢いでしまったのです。この方は、財産を銀行の貸金庫で管理していましたが、使い方の見守りをする人はいませんでした。住まいはアパートでのひとり暮らしでしたが、生活面は就労先が見守りを行っており、勤怠には全く問題がなかったため、使い込みの発覚が遅れてしまいました。単純に見ると、きちんと財産管理をしていれば浪費をしなくても済んだ事例です。

　当初は女性にだまされて搾取されたのではないかと思っていましたが、よくよく話を聞いてみると、お金を無理に要求されたことはなく、一緒に飲みに行ったり、デートの時に高級品を買ってあげたりなど、とても楽しい充実した数年間を過ごしていたようです。性的関係を求めて、ということでもありませんでした。

　本人としては、多少の後悔はあるものの無駄遣いとは感じておらず、また楽しい時間を過ごしたいと前にも増して一生懸命働いています。貯金はほとんどなくなりましたが、給与と障害基礎年金の収入で生活には困っていません。

充実した生活とは…？

　こんな場面に出会うと、もしこの人が成年後見人の金銭管理を受けていたら、その生涯の中で充実したひと時を過ごせたのだろうか……とも思いますし、「賢明ではない判断」はどこまで、どのようにして守っていけばよいのかと真剣に考えてみる必要性も感じます。

　人それぞれ、考え方や生き方が異なる中、当事者の障害の状況や生活スタイル、老後なども見据えた意思決定支援のあり方が問われています。

事例6　進路の選択と障害者手帳の取得

1）プロフィール

　アキヒコさん（男性）は現在22歳。初めての相談は18歳、高校3年生の時でした。この時は障害者手帳を取得していませんでしたが、その後、自閉症スペクトラム障害と診断されて、精神保健福祉手帳3級（障害者手帳）を取得しました。高校卒業時には進路で悩みましたが、現在は大学3年生です。

（2）背景

　高校3年生の時は、サポート校に在籍していて成績は優秀でしたが、対人関係やコミュニケーションの面で周囲がかなり困っている状態でした。いわゆる"空気が読めない"状態で、同級生に「こんな簡単な問題もわからないのか」と平気で言う、自分のことは棚に上げて「そんなに太っていては彼氏ができないのは当たり前だ」などと言うため、友達はいませんでした。また、授業中に勝手に発言をする、先に答えを言ってしまうなど、先生も困っていました。

　特に、両親の教育（しつけ）に対しては大声を上げたり、「ぶっ殺してやる」などと言って物を投げたりしたため、近所の人の通報で警察沙汰になることもありました。アキヒコさんの将来のために厳しいことを言っている親心がわからず、「両親からいじめられているような気持ちがした」と後になって話しています。

　そうした悩みや警察の助言もあって、精神科医に受診したところ、アキヒコさんは「自閉症スペクトラム障害」との診断を受けました。

　両親は、小学校入学後くらいからしつけの難しさや育てにくさ、友達ができないことなどから、障害については薄々気づいていましたが、成績は問題なく知能指数（IQ）にも遅れがなかったため、療育手帳の取得は難しかったようです。精神科へ通院するようになってからは、医師から精神障害者保健福祉手帳（障害者手帳）の取得を勧められるとともに、両親からもその取得を促されていました。アキヒコさんは、担当の医師には信頼を寄せていたものの、障害者手帳の取得には拒否感が強く、そのことで両親に対してさらに攻撃的になっていました。また、発達障害に関して、ネット上の不確実な情報のマイナス面ばかりに注目してしまい、障害者手帳を取得することへの嫌悪感が増していったといいます。

■第4章■　人生の中で重大なことの意思決定

（3）当初の気持ちや希望　備

相談時のテーマは、「精神障害者保健福祉手帳の取得と卒業後の進路」に関することです。しかし、当初、アキヒコさんの気持ちは、次のように障害者手帳を取得せずに、家族からも独立したいというもので、両親や支援者の考えと大きな隔たりがありました。

❶ アキヒコさん自身も、自らに障害があること自体は気づいていたが、認めたくない。
❷ 障害者手帳の取得や福祉サービスを受けるのも嫌だ。
❸ 進学をしたい。
❹ 家族から独立したい。
❺ 独立には就職（収入）が必要との思いから、職業訓練も試したい。そのため、本当に進学でよいかという迷いもある。

両親は、医師や警察、知人などからの助言もあり、高校卒業後は福祉サービス（グループホーム等）を利用して家族から独立、障害者のための職業訓練もしくは障害者雇用枠での就職を望んでいました。

本人は、意思決定会議では「卒業後の進路を中心に話し合いをしたい」と希望していましたが、障害者手帳の有無は就職を目指す時の障害者枠での雇用にも関わり、また、卒業までの時間も残り少なかったことから、障害者手帳の制度に関しても話し合いのテーマとしました。

（4）1回目の意思決定会議（意思決定の場）

参加者：本人（当時18歳）、両親、担任教師、障害者相談支援センターの相談員（2名）
相談員を2名にしたのは、本人は両親、教師を敵のように見ていたため、本人側に立つ人を2名とし、3対3の同数となるよう配慮した。
会議の場所：障害者相談支援センターの会議室（本人が希望）

情報の収集ほか： 備

- 医師の参加が難しかったため、障害者手帳取得に関する医師の所見を用意した。
- 本人の希望に沿って利用できる福祉サービスの一覧を用意した。
- 進学先情報に関しては教師が用意した（少しずつ話し合いを進めている）。
- 家族からの独立に関してはもう少し時間をとることにした（独立に関わる問題、本人の希望を整理する必要がある）。

配慮したこと： 備

- 本人や相談員からの申し出で、休憩時間を設けることができる。
- わかりやすい発言を心がけるとともに、話し合いの内容をホワイトボードに書いて確認し、写真に残す（視覚優位の本人への配慮と再確認できるようにするため）。
- 障害の話を中心としないため、あえて福祉事務所の参加は求めない。

▼検討したこと 拡 比

❶ 高校卒業後の進路について。
❷ 精神障害者保健福祉手帳（障害者手帳）の取得について。
❸ 福祉サービスの利用について。

　福祉サービスを利用することも選択肢の一つだったため、まず、障害者手帳の制度と利用できる福祉サービスなどについての話し合いをすることになりました。アキヒコさんは、人とうまく関係が築けないことや医師の診断、さらにネットで情報を得て自分の障害そのものは理解していましたが、ネットのマイナス情報から「認めたくない」という気持ちでした。そのため、「障害者手帳の取得を勧める人は敵だ」というような考え方を持っていました。
　相談員も、アキヒコさんの状況から、障害者手帳を取得した上で障害者雇用枠で就職し、将来的にはグループホームでの自立を目指すことが望ましいと考えていました。
　医師の意見は、「自閉症スペクトラム障害であり、これまでの状況から、将来にわたり継続的で安定した就労のためには、精神障害者保健福祉手帳の取得が望ましい」というものでした。

■ 第4章 ■ 人生の中で重大なことの意思決定

　教師も、進学よりも就職を勧めており、障害者雇用枠で就職活動した方がアキヒコさんに合った仕事を見つけやすいし、採用もされやすいとの考えから、障害者手帳の取得を助言していました。
　両親は、障害者雇用枠での就職や福祉サービスの利用を強く望んでおり、障害者手帳の取得に前向きでした。

　話し合いは、アキヒコさんの思いを相談員がホワイトボードに書き出していく方法で進めました。その内容を、本人と家族、参加者間で共有できるよう配慮したためです。障害者手帳や福祉の制度については資料を用意しました。結果的には、障害者手帳の取得、そして大学への進学という自己決定に至りましたが、その理由は次の通りです。

- 自立支援医療という公的援助を既に受けているという事実を確認し、治療費軽減のメリットを実感できたことから、障害者手帳に対する本人の気持ちの上でのハードルが下がった。
- 「進学させてもらえるなら手帳を取得してもいい」と本人なりの落とし所を見つけることができた（大学進学＝障害者ではないという独特の論理を構築していたため）。

（5）アキヒコさんの意思決定

❶ 大学に進学する。
❷ 障害者手帳を取得する。
❸ 大学不合格の場合、1年だけ予備校に通い再挑戦する。再度不合格の場合は障害者向けの職業訓練を受けることを現時点での仮決定とし、再度話し合いを行う。

（6）その後の経過 確

大学には無事に合格。成績も問題なく2年生までは順調に進級しました。しかし、ゼミの選択や就職活動などに対する不安から、アキヒコさんは以前のように「うまくいかないことを人のせいにする」という考え方に偏るようになりました。

両親や障害への否定的な感情が高まる一方、経済的には依存している状況に耐えられず、通院先へ入院が必要と思われるまでに精神状態が悪化してしまいました。

（7）新たな意思決定会議 備

二次的な障害として精神状態が極度に悪化したため、新たな意思決定の場の必要性が発生しました。テーマは以下の3点です。

- 入院するか否か（切迫した課題）
- 大学での勉強を続けていくか否か（本人の不安定要因1）
- 精神障害者保健福祉手帳（障害者手帳）を持ち続けるか否か（本人の不安定要因2）

1）入院についての意思決定会議（2回目） 始 拡 比 決

意思決定の場は病院の診察室でした。両親に対して拒否的だったため、障害者相談支援センターの相談員が同席し、本人、医師、看護師の4名で話し合いを実施しました。相談員は、入院についての方向付けはせずに会議での決定に委ねることとし、入院をしてもしなくても支援していくことを伝えました。

結果的にそのことがアキヒコさんの安心感と信頼を得ることとなりました。アキヒコさんは前述の通り、医師に対しては信頼を置いていたため、「まずは入院をして落ち着いた環境で過ごし、大学と障害者手帳の件についてゆっくりと考えたらどうか」という医師のアドバイスを受け入れ、自ら入院を申し出ました。

■ 第4章 ■　人生の中で重大なことの意思決定

2）障害者手帳の取得と大学の在籍について

　入院による薬の調整と生活リズムの安定から、学業や就職への不安はひとまず解消していきました。また、ほかの入院患者とのピアカウンセリングなどの効果や、相談員とのつながりも密になったことから、障害者手帳や福祉サービス利用への拒否感も減っていきました。

　障害者手帳に対する拒否感が軽減したことは、その後の経過にとても良い効果をもたらしました。無理に意思決定の場を設けたり、周囲からの助言やデイケアのプログラムなどではなく、患者同士の会話などから自らたどりついた考えであったことが重要でした。

　アキヒコさんは、障害者であることに対して引き続き不快感を抱いていたものの、「障害者手帳の所持」を分けて考えられるようになり、障害者手帳を活用する気持ちが出てきました。また、相談員からの情報提供により、大学の在籍に関しても、今までの「卒業しなければならない」という考え方や「卒業しないと就職できない」という不安感が軽減し、精神的にも一層安定するというよい流れに乗ることができました。

3）退院後の生活についての意思決定会議（3回目）　始　拡　比

　入院中は良い状態が続き、アキヒコさんは約2ヶ月で退院できるまでに回復しました。そこで、退院後もアキヒコさんの精神的な安定が図れるよう、そのまま家に戻るのではなく別の方法を検討し、必要であればそれを実現するために、関係者による意思決定の場を設けました。

参加者：本人、両親、医師、看護師、市役所の精神担当ケースワーカー、障害者相談支援センターの相談員
会議の場所：病院の面談室
事前調整：事前に本人の意思を確認し、利用可能な福祉サービス先を事前に調査した。
配慮事項：休憩時間を設けること、飲み物の用意（本人からの申し出）。
テーマ：退院後の生活について（以前先延ばしにした家族からの独立を検討）

97

▼**本人の今の気持ち**

❶ 自分に障害があることを認めたくない。
❷ 障害者手帳を活用して、自分のこれからの生活（家族からの独立）や就職に役立つサービスを利用したい。
❸「大学を卒業しなければならない」と今まで強く信じていたことを、少し考え直してもよいと思っている。

退院後の生活については、両親との関係が良好ではなかったため、家族との分離が望ましいのではないかと医師、相談員とも感じていました。また、アキヒコさんも以前より家族から独立したいと望んでいたため、どのような手立てがあるか話し合いの場が持たれました。
本人が福祉サービスを利用することに対して拒否的ではなくなってきたため、本人との事前の話し合いをもとに、グループホームの利用が提案されました。また、アキヒコさんは20歳を過ぎていたことから、障害基礎年金の申請についても検討することにしました。

4）新たな本人の意思決定　決

▼**自分で決めたこと**

❶ 退院したら、家族から離れてグループホームに入って生活する。
❷ グループホームの利用は、自分が就職するまでとして、その後の生活は、また相談しながら決める。
❸ 就職して給料が入るようになり、障害基礎年金が受け取れるようになるまでは、両親から仕送りをしてもらいながら生活する。

▼**グループホームを利用する**

本人はアパートでの自立を望んでいましたが、経済的に難しく、また、日常生活面でも調理や洗濯、掃除、服薬管理、金銭管理など多くの面で、本人自身にも不安がありました。入

■第4章■ 人生の中で重大なことの意思決定

院中の情報提供と、ほかの患者からいろいろな話を聞いて、本人なりに自立への第一歩としてグループホームを位置付けました。

グループホームの利用期間については当面就職が決まるまでとし、その時点で再び見直しをすることにしました（ある程度先のことまで決まっていないと、不安が出てくるため目安を定めた）。

アキヒコさん自身、自分が障害者であることを完全には受け入れておらず、ほかの利用者との交流に不安を感じていたことから、アパートタイプ（ワンルームでバス・トイレ付）のグループホームを利用することにしました。また、事前に見学と体験利用をすること、入居が決まるまで無理に退院しなくてもよいことにしました。

▼障害基礎年金の申請

家族とは離れて暮らすものの、経済的な自立は現時点で無理なため、本人としては不本意でしたが、経済的支援を「仕送り」で受けることに決めました。

20歳を過ぎていたことから、障害基礎年金の申請もすることにしました。親からの経済的支援を早く止めたいことと、ほかの入院患者から年金の話を聞いて必要性を感じていたことから、これに関して本人の拒否感はありませんでした。

（8）3回目の意思決定会議後の経過　確

ワンルームタイプのグループホームを体験し、病状の経過も良かったことから、退院先としてグループホームを選択、無事入居することができました。家族から距離を置いて生活することで、両親の何気ない手助けが大切だったと気付くことができました。そのことで両親への拒否感が少し軽減し、さらに両親側もアキヒコさんに対して冷静に接することができるようになり、親子関係が良い方向に向かい始めました。

グループホームでは、働いている先輩たちから話を聞き、「就職はあわてずに、障害者雇用枠で配慮を受けながら働いた方がよい」と学び、就労移行支援施設を利用して2年間じっくりと取り組むことになり、現在はパソコンスキルやビジネスマナーを学んでいます。

コラム❻　障害者手帳の取得

　知的障害が軽度あるいは知的障害のない発達障害の人の場合、障害者手帳の取得に関して本人と家族や支援者の間で意見が分かれることもあり、どうすべきか悩むことが多いと思います。自治体によっては、発達障害の診断があればIQが療育手帳取得の基準より高い場合（概ねIQ90位まで）でも、療育手帳を取得できる場合があります。

　アキヒコさんのように、療育手帳が取得できない場合、精神障害者保健福祉手帳（障害者手帳）を取得して福祉サービスを利用している人もいます。また、発達障害の診断があれば、障害者手帳がなくても利用できる発達障害者向けの制度も増えてきました。まずは地域の発達障害者支援センターや地域障害者職業センター、ハローワークの専門援助部門、福祉事務所（障害福祉課）、相談支援事業所に相談するのがよいでしょう。

　さて、手帳を取得するかしないかの意思決定についてですが、制度的には、障害者手帳の交付を受けると障害者雇用率制度による就職活動ができるなど、メリットが大きいことは事実です。次に気持ちの問題ですが、外見からは障害があることがわからない人の場合、その人に「障害者になりたくない」という気持ちがあるならば、その気持ちは大切にしなければなりません。知的障害が軽度あるいは知的障害のない発達障害の人たちは、自らの生きづらさと障害の関係に気づいており、また、ネット上の不確かな情報に惑わされている場合も少なくありません。

　支援者としては、正確で前向きな情報を広く提供するよう心掛けるとともに、同じような障害を抱えながらもうまく暮らしている、うまく働いている人たちの事例を具体的に紹介することなどが大切です。

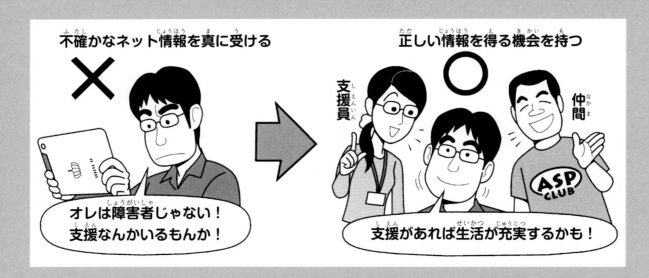

第5章　意思決定支援と本書のねらい

1　本章の目的

　この章では、最近になり認知機能に障害のある人に対する意思決定支援が、再び重視され始めた背景について手短に解説します。本書は、広範囲に議論されている意思決定支援のうち、ある特定の領域にスポットを当てたものです。ここでは本書の特徴についても説明します。なお、章末に、意思決定支援について参考とした資料を紹介しておきます。知的障害や発達障害のある人たちの支援に携わる人で、さらに深く学びたい方は、こちらの資料にも目を通してみてください。

2　意思決定支援の議論が始まった背景

　障害者基本法（2011年改正）は、「障害の有無によつて分け隔てられることなく、相互に人格と個性を尊重し合いながら共生する社会を実現する」ための基本事項が定められています。私たち一人ひとりは、障害があってもなくても平等な社会の実現を目指して進んでいます。そして同法第23条には、「国及び地方公共団体は、障害者の意思決定の支援に配慮しつつ、障害者及びその家族その他の関係者に対する相談業務、成年後見制度その他の障害者の権利利益の保護等のための施策又は制度が、適切に行われ又は広く利用されるようにしなければならない」と記されています。平等な社会に向け、「障害者の意思決定の支援」ができるよう国や地方自治体が整備していくとともに、支援者自身がこのことを改めて認識する必要があります。

　「意思決定支援」という言葉がいろいろな場面で議論されるようになったのは、この障害者基本法の改正が大きなきっかけです。難しい法律の話が続きますが、その後の障害者総合支援法（正式名称「障害者の日常生活及び社会生活を総合的に支援するための法律」2014年改正）においても、障害福祉サービス事業所や施設、相談支援事業所等では、障害者本人の「意思決定の支援を配慮する」ことが求められると記されています。

　さらに辿っていくと、わが国が2014年に批准し、そして発効された、国連（国際連合）の障害者権利条約の条文に行き着きます。この障害者権利条約は2006年の国連総会で採択されており、それから7年少々の時間をかけ、わが国は各種法整備等の準備を行ってきまし

た。

　障害者権利条約の第12条では、「障害があっても法の前で平等」であることが強調されています。どんな障害があっても、どこで誰と生活し、どんな仕事に就くか、どんな病気の予防や治療を行い、自らの財産をどのように活用するかなど、自らが意思決定する権利があるということです。わが国で、意思決定支援について最近再び広く議論されるようになったきっかけがここにあります。

　実は、障害者の支援に関する分野だけでなく、実際に意思決定に関する研究やモデル的な取り組みが行われている分野があります。それは医療の分野です。

　もし、あなたが何らかの病気になり、その治療として、複数の治療法が選択肢として存在するとします。各治療法の効果は、絶対的な差ではなく、それぞれ視点が違えば一長一短があります。このような場面では、正確でていねいな情報提供のもと、患者であるあなたが意思決定を求められる場合が増えてきました。そして、このような患者自らの意思決定の機会は、これからさらに増えていくものと考えられています。また、患者が一定のプロセスに沿って意思決定を行うことで、患者の病気に関する知識やリスクの認識が高まり、医師と患者のコミュニケーションが向上し、結果的に治療に対する満足度が高まる可能性があるといわれています。

　最近の障害福祉分野における意思決定の支援は、病院内の治療行為という限定的な意思決定とは異なり、生活全般の様々な決定を扱います。必ずしも同列に扱えるものではありませんが、そのプロセスや意味を理解する上で参考になります。

3 支援の現場で意思決定支援を考える

　逆に、「意思決定支援ではない」ものを考えてみましょう。以下の2つの事例は、知的障害や発達障害のある人にとって、決してまれな事例ではありません。

> ● 就職に向け、職場で体験実習を1週間行いました。その結果、雇用担当者や同僚から非常に高い評価を受けました。また、実習を紹介してくれた特別支援学校の進路担当教員も、雇用主の人柄や将来性、各種労働条件も十分であると考えていたようで、両親の同意をとりつけ、就職先が決まってしまいました。
>
> ● 働き始めて既に2年以上経過し、障害基礎年金の受給も受けているのですが、給与や年金の通帳は母親が管理しています。就職前と同様、小遣いは毎月2万円です。

■第5章■　意思決定と本書のねらい

現在、特に大きな困りごとがあるわけではありませんが、職場の忘年会の参加費用や同僚や友人へのお祝いを出す際も、母親からお金をもらう必要があります。そういえば、スマートフォンの購入やスポーツクラブに通う時も、母親の付き添いのもとで契約しました。

この2つの事例は、知的障害や発達障害のある人の判断能力が不十分であり、「現在あるいは将来のより良い生活」を周囲が判断し、決定を行っている典型例です。確かに、このような決定方法は、安心で安定した生活の継続を約束するものかもしれません。しかし、第3章・第4章の各事例を読まれた方は、本人に意思決定の機会を提供しない生活の危うさに気づかれたのではないでしょうか。

知的障害や発達障害のある人の長い人生のすべての期間で、特定の人（例：父親、母親、先生）が継続的に、本人に代わり意思決定し続けることは不可能です。さらに、このような周囲の決定は、本人の本来持っている大切な能力や、別のより良い人生の芽を摘んでしまっているかもしれません。

また、長い人生の中では、突然、本人が重大な意思決定を行わなくてはならない場面が生じるかもしれません。その時、些細な決定さえも自分で決めたことがない人は、どのように対応するのでしょうか。

このように、第三者が「良かれ」と思い、本人に代わって選択し決定することを「代理決定」と呼びます。先ほどの2つの事例では、本人の意見を全く聞いていないわけではありません。就職を決定する前に、「今度の実習先では、みんなから評価されて良かったじゃない？」「卒業後も、この職場で働き続けようね？」と意向を聞かれている可能性があります。また、忘年会の会費5,000円を母親に要求したからといって、小言ひとつ言われず快くお金を渡してくれているかもしれません。それでも実態は、就職先を自分で決めたとはいえませんし、一度に一定額以上のお金を使う場合などは、本人がそれを自ら決定するのではなく、家族やその他生活を支えている支援者等が決定しているといえます。ただし、この決定こそが、安心で安定した生活に導いていくものであり、それゆえ代理決定が重要であると多くの支援者は考えてきました。

しかし、**これからは「意思決定の能力がない」ことを前提にするのではなく、「意思決定の能力がある」ことを前提に、周囲がその意思決定をどのように支援するかを考える時代**です。次の事例を見てみましょう。

103

● グループホームに住むほかの人と相性が悪く、アパートでのひとり暮らしを希望している事例です。相談支援事業所が中心となってアパートの賃貸契約ができました。しかし、食事、洗濯、掃除、金銭管理、衛生面に関して、一人でどこまでできるかまったくの未知数で、単身生活に向けての体験並びに学習経験もほとんどありません。そこで、相談支援事業所は、ヘルパー派遣や自立生活支援事業の提案をしましたが、頑なに拒否して引っ越してしまいました。

● 高校生の頃からの10年来の友人に、毎月2万円程度のお金を貸し続けている事例です。既に1年以上続いていますが、ほとんど返済がありません。本人は、仲の良い友人だからいつか返してくれると信じており、今後も友人関係を大切にしたいと考えています。

この2つの事例は、第三者的な視点からは非常に不安定な生活が予想され、近い将来、何らかの生活上の破綻やトラブルが起こると推測される事例です。一方、この2つの事例は、それが誤った判断であったとしても、本人が自ら決定した生活です。

障害の有無にかかわらず、誰もが、人生の選択すべてに成功するわけではありません。また、第三者が「誤り」と確信する選択であっても、それらをすべて排除していくことも簡単にできるものではありません。

現在、認知機能に障害のある人の権利を守る新たな制度として2000年に登場した「成年後見制度」についても、「代理決定の要素が強い」との批判があり、今後のあり方の検討が始まっています。

4 意思決定支援の在り方をこれから学ぶ

このように、障害者支援のトレンドは、本人の意思決定を尊重し、支援する時代です。しかし、近い将来生活が破綻するような大きなリスクは、周囲は当然予防しなくてはなりません。支援の現場は、この一見して矛盾する課題に、その都度解答を出す必要があります。本書では、本人が誤った判断を行ってしまうリスクの背景として、以下の3つの問題があると考えています。

❶ 事前に本人の意向を十分に聞き整理することや、本人の意向に対する適切な情報提供

■第 5 章■　意思決定と本書のねらい

ができていない。

❷ 本人が意思決定を下すまでの十分な時間と体験する機会が提供できていない。

❸ 若い年代から、意思決定をする機会の提供とそのスキルアップを目指した取り組みが行われていない。

　知的障害や発達障害のある人は、定型発達とされる人と比較して、他者から提供された情報（選択肢や各選択肢の良い点・悪い点等）を理解するのにより多くの時間を要する場合が多く、噛み砕いた、個別に配慮された情報整理の方法が必要です。さらに、周囲の環境を理解したり、それが自分の希望に合っているかどうかを判断するには、話しことばや文章による理解だけでなく、実際その場に参加して、一定期間体験してみるような機会が重要であると考えられます。

　このことを事例で説明してみます。

　あるグループホームからひとり暮らしの生活を選択した人には、実は「昨年までは両親の元に頻繁に帰っていたが、母親の入院で帰宅ができなくなった」「帰宅した時は、夜遅くまで心置きなくテレビや DVD を観ていた」という背景がありました。グループホームでは、休日前の夜でもそのような過ごし方はできません。もしかしたら、月に 2 回程度、休日前の夜はビジネスホテルやマンガ喫茶等に泊まり、心置きなくテレビ・DVD 鑑賞をするという選択肢が、本人の現在の要望にもっともマッチした選択肢だったかもしれません。

　まさに、「① 事前に本人の意向を十分に聞き整理することや、本人の意向に対する適切な情報提供ができていない」典型例といえます。また、ビジネスホテルやマンガ喫茶の宿泊という選択肢は、本人にとっては想像できないものでした。つまり、「② 本人が意思決定を下すまでの十分な時間と体験する機会が提供できていない」状態です。意思決定の支援者は、多くの意思決定支援の場に立ち会い、その後の生活を見守る経験を積み重ねながら、多様な事例を整理し、有益な支援の知識を深めていくことが求められます。

　また、こんな事例も想定されます。毎回、賢明ではない選択肢を選び、事後に失敗したことに気づき、再度挑戦した意思決定においてもまた賢明ではない選択肢を選んでしまう事例です。このような選択が繰り返されると、周囲は消耗してしまいます。「この人には意思決定支援は難しい」、「より良い意思決定支援の方法を開発する必要がある」と考えがちです。しかし、もしかすると意思決定支援の方法ではなく、日常生活の中に本人の心身の状態を不安や不健康にする背景があるのかもしれません。原因は、職場なのか、自宅なのか、それとも友人関係なのか、あるいは生活習慣病等の健康状態かもしれません。この日常生活上の

問題が落ち着くと、事後に「失敗した」と反省する選択肢を選ぶことが少なくなるかもしれません。

5 時間をかけて意思決定の力を育む

　本書は、前節の「① 事前に本人の意向を十分に聞き整理することや、本人の意向に対する適切な情報提供ができていない」、「② 本人が意思決定を下すまでの十分な時間と体験する機会が提供できていない」という問題点をどのように克服するか、事例を通して詳細に提案することを目的に作成しました。そして、この事例を参考に、支援を受けながら意思決定を行うための教育とそのプログラム開発を、多くの教育関係者等に企画してほしいと願っています。つまり、「③ 若い年代から、意思決定をする機会の提供とそのスキルアップを目指した取り組みが行われていない」ことの問題解決が、必要で重要だと考えています。

　エビデンスはありませんが、私たちは、中学生の年代頃から意思決定を行うための教育が必要だと考えています。その頃になると、障害ゆえに生じる能力障害についての気づき、そこから将来の夢や希望の修正が始まると想像します。一般就労を目指す中学校特別支援学級や特別支援学校（中学部・高等部）の生徒には、全員、この教育を受けてほしいと考えています。

　特別支援教育の現場では、知的障害や発達障害のある児童生徒が、将来大人になった時に必要とされる様々な社会生活スキルの獲得を目指し、教育が行われています。例えば、日常生活における衛生面や身だしなみについて、職場生活におけるルールやマナー、公共の場における様々な注意点について、学校教育で時間をかけて指導しているはずです。これらと同様に、意思決定を行うための教育も、明確な目標として時間をかけた指導が行われることを願っています。

6 おわりに

　本書では、重度の認知機能の障害のある人で、意思決定できる範囲がほとんどない、あるいは非常に限定された意思決定を前提に、「より良い生活」をどのように周囲が考えていけばよいかについて、まったく触れていません。また、相談支援等の福祉現場の現任者が集まり執筆・編集した本なので、意思決定支援に関する法律面での解説や障害者の権利擁護に関する歴史的背景についても触れていません。つまり、意思決定支援の教科書としては不十分

■第5章■ 意思決定と本書のねらい

であり適しているとはいえません。

しかし、障害の有無による分け隔てのない新しい社会（共生社会）に進みだした今、十分な意思決定能力があるにもかかわらず、その機会が提供されていない、あるいはそれ以前にその能力を開花させるための教育を受けてこなかった知的障害や発達障害のある人がたくさんいることに、私たちは問題意識を持ちました。ぜひ、多くの知的障害や発達障害のある人たちに本書を読んでもらい、障害者福祉や特別支援教育等に携わる人たちと意思決定支援について話し合ってもらいたいと思っています。

■参考資料

1）公益社団法人日本発達障害連携（2015）「意思決定支援の在り方並びに成年後見制度の利用促進の在り方に関する研究」厚生労働省平成26年度障害者総合福祉推進事業報告書。

http://www.mhlw.go.jp/file/06-Seisakujouhou-12200000-Shakaiengokyokushougai hokenfukushibu/0000099358.pdf（2016年2月3日閲覧）

2）佐藤彰一（2015）「権利擁護のパラダイム転換と成年後見制度の変革 ～認知症の方や障害者の方にも意思はある～」。

http://bylines.news.yahoo.co.jp/satoshoichi/20150907-00049247/（2016年2月3日閲覧）

3）特定非営利活動法人PACガーディアンズ（2012）「障害者の成年後見利用の現状と課題」平成23年度厚生労働省 障害者総合福祉推進事業報告書。

http://www.mhlw.go.jp/seisakunitsuite/bunya/hukushi_kaigo/shougaishahukushi/cyousajigyou/sougoufukushi/dl/h23_seikabutsu-10.pdf（2016年2月3日閲覧）

4）新井誠〔監訳〕・紺野包子〔翻訳〕（2009）『イギリス2005年意思能力法・行動指針』民事法研究会。

試案1 支援者についてのチェックリスト

本人

支援者との信頼を深めるため・新たな支援者を選択する時のために

▶「支援者についてのチェックリスト」の目的とその活用

　あなたは今まで、いろいろな人たちと相談や話し合いをしてきた経験があると思います。相談する相手の人は、福祉事務所の職員や学校の先生、就労支援施設の職員、作業所の職員、今働いている職場の先輩や上司など、いろいろな立場の人たちで、その中にはあなたの立場や気持ちを代弁してくれた人もいたことでしょう。

　しかし、それらの人たちの中には、とても話しやすい人もいましたが、逆に話しづらい人もいたと思います。同じようにあなたを支援してくれる人たちでも、あなたと上手に話す力や、理解してくれる力が一人ひとり違います。私たちは、その力の一部分を取り出して、大まかな目安となる「チェックリスト」を作成してみました。

　このチェックリストを活用すると、**今、あなたが支援者に対して"気になっていること"や、"とても良いと思っていること"の原因がはっきりします。そして、支援者に対して「こうして欲しい」という希望を、より具体的に伝えることができるようになります。**支援者の人と、このチェックリストを間に置いて話し合い、気になっていることの改善が進めば、支援者との信頼関係はさらに深まることになるでしょう。

　もちろん、気になるところがあまりにも多く、不安な感じや嫌な感じが続いて苦痛になっている場合には、もっと信頼できるほかの支援者に相談をして、今の支援者を代えることも検討できます。また、このチェックリストの項目は、新たな支援者を選択する時の目安として利用することもできます。

▶よりよい相談・話し合いの場を作るために

もしあなたが、相談や話し合いをしている時に、相手の話す内容が難しくて分からないとか、相手を怖いと感じて自分の思いや考えを話せなくなってしまうようなことがあったら、それはあなたではなく、話し合いの相手（支援者）に問題があります。なぜなら、支援者はいつも "あなたによりよい支援ができるように努力する" サービスの仕事をしているからです。話し合いが苦痛、怒られることが怖い、話の内容が自分には難しすぎる、という場合には、その場で相談の相手や周囲の人にそのことを伝えることが大切です。

　相談や話し合いの場は、あなたにとってとても大切なものです。支援者は、あなたができるだけリラックスして、相手を信頼して、自分の本当の気持ちが話せるように工夫することも仕事の１つなのです。そして、あなたも自分と違う意見を持った人の話をきちんと聞く努力をすることで、あなたにとってよりよい相談や話し合いの場が持てるようになります。

▶チェックリストの使い方

● その支援者と相談したり、話し合いをしている時のことを思い出しながら、①〜⑪の＜良いところ＞＜気になるところ＞を見比べて、矢印の当てはまるところに○を１つずつつけます。

● ＜良いところ＞や＜気になるところ＞について、支援者に「こうして欲しい」などと具体的に伝えるようにしましょう。そうすることで、支援者との信頼関係はさらに深まります。

● ＜気になるところ＞があまりにも多く、不安な感じや嫌な感じが続いて苦痛になっている場合には、もっと信頼できるほかの支援者に相談しましょう。

【試案1】 支援者についてのチェックリスト

●支援者の名前 　　　　　　　　　　　　　　さん

●支援者の所属

◆ ❶～⓫の各チェック項目に１つずつ○をつけます。
◆ 支援者と会議や相談をしている場面を思い出しながら○をつけてください。

（1） 　　　　さんと話していると、リラックスできますか？

<良いところ> 　　　　　　　　　　　　　　　　　　　<気になるところ>

とても　少し　どちらでもない　少し　とても

❶ リラックスできる　　　　　　　　　　　　　　　　　　　　　緊張する

とても　少し　どちらでもない　少し　とても

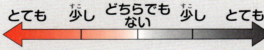

❷ 元気が出てくる　　　　　　　　　　　　　　　　　　　気持ちが沈んでしまう

（2）☐さんに相談すると、本当の気持ちが出せますか？

<良いところ>   <気になるところ>

❸ 私の本音が話せる　←とても・少し・どちらでもない・少し・とても→　本当の気持ちを話すと怒られそう

❹ 私の考えが整理できる　←とても・少し・どちらでもない・少し・とても→　私の意見が小さくなって消えてしまう

❺ よい部分もダメな部分も、私のことを理解してくれていると思う　←とても・少し・どちらでもない・少し・とても→　私の一部分だけを見ていて、私のことをわかってくれていない感じがする

(3) ☐さんの話し方は、わかりやすいですか？

<良いところ> <気になるところ>

❻ 難しい言葉を使わないのでわかりやすい　とても←少し←どちらでもない→少し→とても　難しい言葉が入るのでわかりにくい

❼ ゆっくり、繰り返して話してくれる　とても←少し←どちらでもない→少し→とても　早口で言葉が聞き取りにくい

❽ 図やメモを使って、私が理解しやすいように工夫してくれる　とても←少し←どちらでもない→少し→とても　私がわからなくなって、困っていても気がついてくれない

（4） ☐ さんに相談して、信頼感が深まりましたか？

<良いところ> <気になるところ>

❾ 私の立場になって考えてくれる　　とても　少し　どちらでもない　少し　とても　　私のことを本当に心配してくれているのか、疑問に思う時がある

❿ 相談したことをほかの人に話されてしまうという心配がない　　とても　少し　どちらでもない　少し　とても　　私が本音で話したことを、私に断らずにほかの人に話しそうで心配

⓫ 相談したい時には、都合をつけて時間を取ってくれる　　とても　少し　どちらでもない　少し　とても　　いつも忙しそうで、私の相談になかなか時間を取ってくれない

試案2 支援者側が意思決定会議の質を振り返るポイント

支援者

支援者側が意思決定会議を振り返る時のために

本人を中心にした会議の開催は、とても重要なものです。

会議の中では本人が「自分で決める」という意欲を維持しながら、会議の終了時には「自分で決めた」という実感をもって、会議で決まったことを理解し、それに納得していることが大事です。そして、会議の前より会議が終わった後の方が、本人がより元気でより自信が持てるようになっていることが不可欠です。

意思決定会議の質を高めるためには、会議場所の環境設定、参加メンバーの選定、会議の進め方、記録等、たくさんの要素について吟味する必要があります。また、意思決定を行った本人が、意思決定会議に参加してどんな感想を持ったかを振り返ることも、意思決定支援のあり方を検討する際に重要であると考えます。

まだ試案の段階ですが、意思決定会議の質を振り返るポイントを提案します。**この試案では、6つの指標について、意思決定支援を受けた本人に会議の感想をたずね、本人が「支援の過程をどのように感じていたか」「自分が決定した結果をどのように思い返しているか」等を推測をする形で、支援者側が意思決定会議の質を振り返る方法をとっています。**

ポイント3とポイント4は、本人のエンパワメントの視点や現実的な生活という視点で、一概に良かったかを決めることができない項目です。しかし、それを自分で決めることを目的に意思決定会議を開催するわけですから、意思決定支援を受けた本人がどのように感じたかを支援者間で考えることは、意思決定後のフォローの仕方にもかかわる重要なポイントです。

また、支援者側から推測する方法なので、本人の感じ方とは当然ズレがあります。それでもこのような指標を使って、支援者間で会議を振り返り、「本人がもっと自分の本音を出せるようにするにはどうしたらよいか？」「どうしたら意思決定会議が本人のエンパワメントにつながるか？」などについて話し合うのは大事なことと考えます。

会議に参加した複数の支援者間で、会議の質そのものを振り返る時に活用してみてください。

【試案2】支援者側が意思決定会議の質を振り返るポイント

ポイント1　意思表明の実感

とても　少し　どちらでもない　少し　とても

自分の考えを十分話せた、支援者に自分の思っていることが伝わった。

自分の考え、思いを十分話せなかった、支援者に伝わらなかった。

ポイント2　意思決定の主体

とても　少し　どちらでもない　少し　とても

会議で話し合って決めたことは、「自分の考えが入っている」「自分で決めた」という感じがした。

自分で決めたという実感が乏しく、周りから強く勧められ、押しつけられた感じがした。

ポイント3　リスクの理解　失敗する権利

とても　少し　どちらでもない　少し　とても

失敗した場合のリスクや、自分が困った状態になることも理解した上で、覚悟して決めた。

決めたことは、自分が失敗しないように、安全を一番に考えて決めた。

ポイント4　夢や目標を持った選択

とても　少し　どちらでもない　少し　とても

決めたことは、「自分の将来の夢や目標に向かって近づくこと」になると思っている。

決めたことは、自分の将来のためというより、「今自分がやりたいことや欲しいもの」を優先した。

ポイント5　ありのままの自分の承認

とても　少し　どちらでもない　少し　とても

会議の雰囲気は、今の自分を理解して認めてくれた上で、話し合いをしている感じがした。

会議の雰囲気は、今の自分を理解して認めてくれていない感じがした。

ポイント6　エンパワメントにつながる意思決定

とても　少し　どちらでもない　少し　とても

今回決めたことを実行することで、「みんなに認められている」「自分の夢や目標に近づいている」という感じがして元気が出る。

今回決めたことを実行すると、自分が「一人前ではない」「また人の言う通りにしてしまった」と感じて落ち込む。

執筆者一覧

【企画・執筆】

志賀 利一

独立行政法人 国立重度知的障害者総合施設のぞみの園　　　第1章・第5章
事業企画局研究部 部長

渡邉 一郎

足立区高齢福祉課 高齢援護係　　　第4章 事例1/2/3・試案1・試案2・コラム①③

青山 均

横浜市社会福祉協議会障害者支援センター　　　第2章・コラム②
セイフティーネットプロジェクト横浜アドバイザー

江國 泰介

社会福祉法人 東京緑新会　　　第3章
地域生活相談室おあしす 室長・相談支援専門員

勝田 俊一

社会福祉法人 さくらの家福祉農園　　　第4章 事例4/5/6・コラム④⑤⑥
障がいサポートコールラビ 所長

【漫画・イラスト】

中尾 佑次

イラストレーター・情報漫画家

関連書籍のご案内

本書を読んでもらいたい方──
●基本的なビジネスマナーにつまずいている方／●福祉分野で障害者とかかわっている方／●企業の採用担当者やCSR担当者／●生徒を社会に送り出す特別支援学校高等部の先生
A4変形判 104ページ　ISBN978-4-86371-105-1　2008年12月発行

●社会生活におけるみんなの体験14編／●安全で安心なひとり暮らしをするためのヒント42編／●失敗から学ぶ、「もしも、あのとき○○していたら」／●地域でさまざまな支援・サービスを受けるためのキーワードを紹介
A4変形判 144ページ　ISBN978-4-86371-205-8　2013年1月発行

特別支援学校高等部を卒業した鈴木鉄太が初出勤からあこがれの「先輩」になるまで。みだしなみや言葉づかい、人との適切な距離感や休憩時間の過ごし方、そして異性との関係——社会人としてのルールやマナーに慣れるまでは失敗の連続だが、上司や支援者、家族や友達の支えを受けながらストーリーを通して成長していく様子をコミカルに描く。

- ビジネスマナーは、人を思いやり不快感を与えないことで、社内外の人たちとのコミュニケーションをスムーズに行うために欠かせないものです。
- 仕事の知識や技術があっても、ビジネスマナーでつまずいてしまう知的障害や発達障害の人たちが少なくありません。
- マンガならではの面白くて楽しいストーリーを通して、ビジネスマナーをわかりやすく解説し、理解を深めることができます。

本書は、多数のイラストを用いた『見てわかるビジネスマナー集』を原点として、マンガならではの笑いがあって楽しいストーリーを通して、ビジネスマナーの理解をさらに具体的でわかりやすいものに進化させたものです。

○―― 目 次 ――○

第1話　みだしなみは社会人の第一歩
第2話　通勤準備とトラブルに慌てない
第3話　言葉づかいで評価が変わる
第4話　人との距離には気をつかう
第5話　休憩時間をどう過ごす
第6話　異性関係はドキドキ
第7話　人間関係は難しいけれど
第8話　余暇を楽しく過ごそう
最終話　鉄太　先輩になる

＊各話の末尾にさらに詳しい説明「ワンポイントセミナー」を掲載
＊全編ふりがな付き

随所にビジネスマナーの行動パターンを収録

作・画　中尾 佑次　企画・執筆　青山 均・志賀 利一・勝田 俊一・江國 泰介・渡邉 一郎
A5判172ページ　ISBN978-4-86371-319-2　2015年7月発行　定価（本体1,500円＋税）

本文／カバーデザイン　宇都宮 政一

知的障害・発達障害の人たちのための
見てわかる意思決定と意思決定支援

2016年8月25日　初版第1刷発行
2023年9月1日　初版第4刷発行（オンデマンド）

執　筆　　志賀 利一　渡邉 一郎　青山 均　江國 泰介　勝田 俊一
漫　画　　中尾 佑次
発行者　　加藤 勝博
発行所　　株式会社 ジアース教育新社
　　　　　〒101-0054　東京都千代田区神田錦町1-23宗保第2ビル
　　　　　TEL 03-5282-7183　FAX 03-5282-7892

○定価はカバーに表示してあります。
○乱丁・落丁はお取り替えいたします。

Printed in Japan
ISBN978-4-86371-368-0